# MARX
## Projekt Trier
Dieter Huber

Textbeiträge

Ivo Kranzfelder

Joscha Schmierer

Barbara Sichtermann

Marx Sätze

Ludwig Hartinger

Ein Bild-Lese-Buch

Band 1

Karl-Marx-Haus

Trier 1995

# INHALT



ABB. KARL MARX. LONDON CA. 1875

# KARL MARX, DER MARKT UND DIE MEDIEN

Barbara Sichtermann

Welcher Ökonom, Philosoph, Soziologe von heute wäre nicht stolz und glücklich, so viel Sekundärliteratur ermuntert zu haben wie Karl Marx? Allerdings kam der Nachruhm spät, war die Anerkennung zu Lebzeiten dürftig – doch immerhin, das 20. Jahrhundert vertiefte sich geradezu in Marx. Exegese, sog. Weiterentwicklung und praktische Umsetzung seiner Ideen überboten einander an Intensität und Lärm, bis schließlich irgendwann in den 80er Jahren, also ungefähr 100 Jahre nach Marx´ Tod, der Zauber verflog und der „Geistes-Heros" (DDR-Hommage) still beerdigt wurde. Der Mauerfall im Jahre 1989 besiegelte das Ende der Marx´schen Wirkungsgeschichte. Eine Weile redete man noch bedauernd oder hämisch davon, daß der große Aufklärer und Prophet nun endgültig widerlegt sei, dann wurden die Archive geschlossen.

Für´s erste. Es ist gut möglich, daß der fruchtbare Denker ein weiteres Mal gleichsam exhumiert wird, und daß sich eine neue Generation für seine Schriften interessiert; denn es gibt in ihnen immer noch gute Argumente für das, was am Ende dieses Jahrhunderts ansteht und auch im nächsten aktuell bleiben wird: die K r i t i k d e s M a r k t e s. Das frühe 20. Jahrhundert hat Marx vor allem als Theoretiker der A l t e r n a t i v e interpretiert, als Mann der Arbeiterpartei, der Pariser Commune, der Gegnerschaft gegen die illegitim herrschende Bourgeoisie, die das Proletariat ausbeutet. Marx versah die antibürgerlichen Parteien mit moralischer Munition und optimistischer Prophetie, er beschaffte Legitimation und Zukunftshoffnung. Ob er, wäre er in den 20er Jahren unseres Jahrhunderts noch

ABB. KARL MARX MIT TOCHTER JENNY. LONDON 1869

am Leben gewesen, mit dieser Rolle hätte Frieden schließen können, muß offen bleiben. Nach allem, was wir über ihn wissen, dürfen wir zweifeln. Aber selbst wenn er noch imstande gewesen wäre, Antworten zu geben, hätte man ihn nicht gefragt. Die russische Revolution hatte die Karten im Weltpoker neu gemischt, und Marx war Pate einer ebenso energischen und optimistischen wie terroristischen politischen Kraft geworden. Alles weitere lief von allein. Sein Name fiel stets, wenn sowjetische Errungenschaften oder Grausamkeiten zu bewundern oder anzuprangern waren, und die deutschen Fellow-travellers der KPdSU waren stolz darauf, daß i h r Land den „Geistes-Heros" gezeugt hatte. Forcierte Industrialisierung auf Kosten der Liquidierung großer Teile der Landbevölkerung, ein unkontrollierbarer, allmächtiger Staatsapparat, der mittels Mord und Not regiert und das Volk, das er übel manipuliert, weit skrupelloser noch ausbeutet als alle Zaren zusammegenommen – dafür soll Marx gleichsam die Vorlage geliefert haben. Natürlich findet sich in seinen Schriften keinerlei Apologie einer Einparteiendiktatur mit imperialistischen Ausgriffen. Aber sein Name war und blieb nun mal mitgehangen und mitgefangen, und er ist für die ahnungslose junge Generation heute ähnlich blutbesudelt wie der Stalins, Mao Tse-tungs oder gar Hitlers. Zumindest steht er für das Scheitern einer Vision – und für die Gefahr, die von einer Vision ausgehen kann, wenn sie sich als ebenso unrealisierbar wie schwerbewaffnet erwiesen hat.

Marx war kein Pazifist. Und er hat die Diktatur als „Übergang" zur Freiheit für eine mögliche, eventuell nötige, aber kurzfristige Lösung angesehen. Seine politische Phantasie war nicht besonders fruchtbar – das hängt damit zusammen, daß er in der Ökonomie das dynamische Fundament einer Gesellschaftsformation erkannt zu haben glaubte und den Institutionen politischer Macht keinen dauerhaft gestaltenden und umgestaltenden Einfluß auf gesellschaftliche Strukturen zutraute.

Er wollte die Gesellschaft in einer Zone und in einer Funktion analysieren und dort für eine Umgestaltung werben, die es w e r t war, um die es sich l o h n t e , weil der ganze Rest: Macht, Bewußtsein und Moral sich dann von allein mitändern würden. Schon aus diesem Grund sollte es sich verbieten, Marx als Kronzeugen und Ideenlieferanten für p o l i t i s c h e Körperschaften wie z.B. die Kommunistischen Parteien aufzurufen. Er selbst befürwortete eine politische Organisation der Arbeiter – aber als es dann losging und das Gründungsfieber ausbrach, hat er diese Organisationsversuche und ihre Programme immer nur aus den Augenwinkeln verfolgt, kommentiert und bemäkelt – weil er etwas viel Wichtigeres zu vollenden hatte: „die Anatomie der bürgerlichen Gesellschaft", d.h. die kritische Analyse ihrer Wirtschaft.

Den meisten Scharfsinn, die bewunderungswürdigste Akribie und die größte Konsequenz steckte Marx in die Untersuchung des Marktes, also der Tauschbeziehung, also der Ware. Er beließ es nicht bei der Modellrechnung, wie viele Ökonomen vor und nach ihm, er schwang sich des öfteren zu kulturkritischen Exkursen auf, d.h. er wies nach, wie stark der Markt, wenn er nicht mehr nur lokal ist, die Beziehungen der Menschen prägt, ihr Denken beeinflußt, ihre Seelen affiziert. Und in dieser Funktion, als Markt-Kritiker, der über die im engernen Sinn ökonomischen Fragen hinausdenkt, ist Marx bis heute von bemerkenswerter Aktualität.

Das bedeutet natürlich, daß Marx´ leidenschaftliches Plädoyer zur Einschränkung der Marktfreiheit um der Freiheit der Menschen willen, nicht ausgereicht hat, um in uns Heutigen ein Bewußtsein davon zu wecken, wie problematisch das Steuerungsinstrument ist, dem wir unsere Ökonomie anvertrauen. Es bedeutet, daß der Markt über seine Kritiker gesiegt hat. Seine Faszination ist offenbar trotz der zerstörerischen Dysfunktionen, die diesem Preisbildungs-, Allokations- und Verteilungsmechanismus innewohnen, nicht zu brechen. Inzwischen weiß jeder, daß der Markt nicht nur schlecht funktioniert, sondern daß er ungefähr genauso viel Unheil wie Heil anrichtet – und trotzdem preisen wir ihn unverdrossen, sind froh, daß wir ihn haben, machen den jüngst aus der Erstarrung erlösten osteuropäischen Ländern die schönsten Hoffnungen, sofern sie sich nur uneingeschränkt zur Marktwirtschaft bekennen – und verschwenden kaum einen Gedanken daran, wie man den Marktmechanismus einengen, kontrollieren, kompensieren kann, was man tun muß, um seine destruktiven Tendenzen zu unterdrücken. Die Sozialdemokratie galt früher als die Partei, die sich diesem Thema stellte, ja die sogar praktische Konsequenzen aus ihrer Kritik zog – aber jene Zeiten sind vorbei. Heute gibt es keine politische Kraft mehr, die über die Marktwirtschaft hinausprojektiert – wer das täte, setzte sich sofort dem Verdacht aus, er wolle die Planwirtschaft einführen und das Rad der Geschichte zurückdrehen. Diese Propaganda funktioniert heute noch genauso gut wie zu der Zeit, als der Eiserne Vorhang die Welt noch in Blöcke teilte. Und das ist seltsam und bedauerlich, denn heute existiert kein Gegenentwurf zur Marktwirtschaft mehr – was Kritik an ihr umso notwendiger macht. Aber auch einfacher, da es die „falsche Seite", deren Applaus stören könnte, nicht mehr gibt.

Was Marx herauspräparierte, als er sich dem Markt kritisch analysierend zuwandte, war, daß er, der Markt, eine unpersönliche Steuerungsinstanz ist, daß durch ihn blinde Mächte über Wohl und Wehe von Kaufleuten, Kapitalisten und Arbeitern entscheiden. Zu seiner Zeit, als es noch keine Arbeitslosenversicherung gab und auch noch viel mehr Schwindelfirmen und Kleingewerbetreibende die Wirtschaft unsicher machten, als das ökonomische Leben noch längst nicht so starkt verrechtlicht war wie heute, hatten seine Bedenken die Macht des Faktischen auf ihrer Seite. Mittlerweile hat man in Erfahrung gebracht, daß gerade das Unpersönliche an der Steuerungsinstanz Markt sowie ihrem Schmiermittel, dem Geld, seine Vorteile hat. Persönliche Steuerung durch Bürokratien ist weit schwerfälliger, oftmals dysfunktional und nie frei von Willkür und Machteinsprengseln wie Erpressung, Bestechung, Verzögerung usw. Konkurrenz belebt, ist allerdings wirklich nur das Geschäft; aber geht es bei der Arbeit denn nicht um mehr? Es gibt durchaus Punkte, an denen Marx' Markt-Kritik immer noch greift: die unpersönliche Steuerungsinstanz kennt nur das Geld als Maßstab, und was sich nicht in Geld ausdrücken läßt, existiert für sie nicht. Alle Faktoren, die im Wirtschaftsleben sonst noch eine Rolle spielen wie Ausbildung, Betriebsklima, besondere Chancen für Benachteiligte, Gesundheitsfürsorge, Erholung, Betriebsfeste, Bereitschaft zu Überstunden und Lohnverzicht – der ganze „moralische" Überbau und menschliche Unterbau werden n i c h t vom Markt geregelt. Und würde er es doch, d.h. risse der Markt auch noch die Zuständigkeit für diese „menschliche" Seite des Wirtschaftslebens an sich, bräche binnen kurzem alles zusammen. Irgendwo muß die Zone der persönlichen Steuerung beginnen. Und daß der Arbeitsmarkt von allen Märkten der regulierteste Markt ist, ist kein Zufall.

Die Arbeiter und Angestellten, die täglich in ihre Büros, Werkhallen, Ateliers, Behörden, Läden usw. strömen, um sich ihr Brot zu verdienen, sind ja Menschen mit Fähigkeiten, Schwächen, Wünschen, Ideen Gefühlen, Befürchtungen, Hoffnungen. Dieses Innenleben, von dem auch die Wirtschaft befruchtet oder gehemmt wird, je nachdem, läßt seine Leistungen und seine Irrtümer ab einem gewissen Punkt nicht mehr in Geld messen. Ein Ingenieur, der eine geniale Idee hat, kann eine Erfindung machen und für sein Patent Geld einstreichen. Ist die Idee aber „nur" dazu gut, in seiner Abteilung die Zusammenarbeit etwas reibungsloser zu gestalten und zu mehr nicht, dann wird er mit dem Dank seines Chefs vorliebnehmen – hier hört die monetäre Konvertierbarkeit auf. Und daß solche persönlichen Bande, Beziehungen, Einflüsse und Reibungen zwischen den Menschen nicht nur erhalten bleiben, sondern sogar ausgeweitet werden, daß sie nicht durch die Perfektionierung der Märkte immer weiter schwinden und ausdünnen – das war eine der Sorgen von Karl Marx. Es war vielleicht sogar seine größte Sorge; und die größte Hoffnung, die er in die Überwindung der Marktwirtschaft, in die kommunistische, als einer gemeinschaftlichen, über personale Steuerung vermittelten Ökonomie setzte, war die in eine Belebung und Erweiterung der zwischenmenschlichen Beziehungen – die er in Tausch- und Geldbeziehungen erkalten sah. Lag er mit dieser Befürchtung so völlig falsch?

Die 90er, auch schon die späten 80er Jahre scheinen sich zu Dekaden der Markt-Verhimmelung herausmausern zu wollen. Vieles, von dem man dereinst glaubte, es könne nie und nimmer zu Markte gehen, tritt jetzt den Beweis des Gegenteils an. Hätte man sich zu Marx´ Zeiten vorstellen können, daß „Leihmütter" für Geld die Babies anderer Eltern austragen, daß menschliche Organe, in „Banken" tiefgekühlt, Schwarzmarktpreise erzielen? Nicht nur die medizinisch-technischen Voraussetzungen, die für solche Märkte vorliegen müssen, hätten Marxens Phantasie überfordert – unglaublich wäre es ihm auch erschienen, daß die moralischen Schranken, die zu seiner Zeit sowohl ein solches Angebot als auch die entsprechende Nachfrage unmöglich gemacht hätten, daß diese Schranken je fallen könnten. Und hätte er einen vorausahnenen Blick in unsere Zeit werfen können, hätte er seine Markt-Kritik womöglich noch eine Nuance schärfer gefaßt.

Was der Markt nicht regeln kann oder soll, übernimmt der Staat oder sonst eine gemeinschaftliche, kommunale Instanz. Die Arbeiterbewegung sorgte dafür, daß gewisse Existenzrisiken gerade der Ärmsten durch Umverteilung vom Staat abgesichert wurden. So kamen die Krankenkassen, die Arbeitslosenversicherung, die kostenlose Elementarschule in unsere Welt. Das war ein großer zivilisatorischer Fortschritt und ganz in Marx´ Sinn. Heute nun versucht man die staatliche Bereitstellung von Sicherheit, aber auch von Kultur zurückzufahren. Der Markt, heißt es, könnne das alles besser. Und was sich am Markt nicht halte, habe kein Existenzrecht.

Ausgangspunkt ist bei der Rechtfertigung jener regelrechten Welle von Privatisierungen, die seit Anfang der 80er Jahre rollt, meistens der Hinweis auf die Schwerfälligkeit und Kostenintensität der personalen Steuerung. Mit ihr ist immer die Gefahr verbunden, daß Herrschaft sich bürokratisch „verselbständigt", daß Verschwendung und Inkompetenz blühen. Damit muß man rechnen, dem muß man vorbeugen. Diese „Auswüchse" lassen sich zurückschneiden, ein bißchen Kontrolle genügt. – Im freien Wettbewerb, also in der privaten Marktwirtschaft, werden selbstverständlich Kosten gespart, vor allem Personalkosten, was aber keineswegs bedeutet, daß die Kunden aufs Beste bedient werden. Als die Telefone noch von der staatlichen Post betreut wurden, genügte bei Störung ein Anruf, und am nächsten Tag erschien ein Techniker. Heute, wo das Fernsprechwesen weitgehend privatisiert ist, dauert es eine Woche, bis jemand kommt, um ein kaputtes Telefon zu reparieren. Außerdem steigen die Gebühren. So ist das immer bei der Privatisierung staatlicher Leistungen: der Service verschlechtert sich, und allles wird teurer.

Ist das nun Schikane? Nein, es bedeutet nur, daß unter w i r t s c h a f t l i c h e n Gesichtspunkten mit schlechterem Service und zu höheren Preisen gearbeitet werden kann, und daß wirtschaftliche Gesichtspunkte vielleicht nicht immer und überall maßgeblich sein sollten.

Vorher, als alles besser war, ist die Telekommunikation

offenbar ein Zuschußgeschäft gewesen (in bestimmten Bereichen). Der Staat hat Steuergelder drauflegen müssen, um eine derart preisgünstige Grundversorgung mit Geräten zu garantieren. Die Frage ist nun: sollte bei gewissen Dienst-, Versorgungs- oder Versicherungsleistungen die Gesellschaft nicht als ganze j a dazu sagen, daß der Staat (d.h. sie, die Gesellschaft, mittels ihrer Steuern) Geld zuschießt? Ist es nicht bei elementaren Voraussetzungen der Zivilisation wie Gesundheitsfürsorge, Bildung, Kommunikation, Kultur, Infrastruktur, Verkehr sogar n o t w e n d i g , daß hier n i c h t unter wirtschaftlichen Gesichtspunkten gehandelt wird, sondern unter „menschlichen"?? – was immer bedeutet: die Kosten sind nicht so wichtig wie die Sache, sie werden deshalb von der Allgemeinheit getragen. Es wird nicht mehr lange so sein, daß der Bewohner eines abgelegenen Berghüttchens sich sein Telefon zum selben Preis installieren lassen kann wie der Bewohner eines Ballungsraumes. Früher hielt man die Telekommunikation für einen so wichtigen Faktor des täglichen Lebens, daß man fand: für alle müssen dieselben preislichen Voraussetzungen gelten, wenn sie sich mit ihren Kommunikationswünschen ins Fernsprechnetz einspeisen, egal, wo sie wohnen. Jetzt wird diese Überzeugung geopfert. Der Markt und der Preismechanismus fressen ein Stück solidarischer Menschlichkeit.

Ein anderes Beispiel sind die Radio- und Fernsehsender. In den beiden öffentlich-rechtlichen Anstalten ARD und ZDF hatte sich die Bundesrepublik eine Medienlandschaft mit starken Trutzburgen gegen eine Trivialisierung der elektronischen Information und Unterhaltung geschaffen – sie war lange Zeit zurecht stolz darauf. Inzwischen schnappt der Markt mit weit aufgerissenem Rachen nach dem Fernsehwesen. Es hat offenbar nicht ausgereicht, daß vor heuer elf Jahren Frequenzen fürs private Fernsehen freigemacht wurden; die Existenzberechtigung der überlebenden Alt-Sender wird immer wieder infrage gestellt – natürlich von den TV-Markt-Strategen, die ihre politischen Freunde vor allem bei den Konservativen haben und froh wären, wenn die bedrohliche, da seriöse und immer noch hochangesehene öffentlich-rechtliche Konkurrenz entfiele.

Was hat das nun alles mit Marx und dem Markt zu tun? Öffentlich-rechtliche Fernsehsender sind teuer, sie machen – so lautet ihre Verfassung – nur wenig Werbung, ihre Ausgaben müssen von woandersher gedeckt werden. Mit G e b ü h r e n, einer Quasi-Steuer, verpflichtet sich das Zuschauer-Volk, seine öffentlich-rechtlichen Sender zu finanzieren; es ruft sozusagen im Chor: ja, wir möchten Programmanbieter haben, die nicht kommerziell orientiert sind, die deshalb immer ein bißchen zuverlässiger, solider, genauer, geduldiger in der Information und ein bißchen qualitätsbewußter, minderheitenbezogener und experimentierfreudiger in der Unterhaltung sein können als Privatsender. Für die der „Kulturauftrag" kein leeres Wort und pädagogisch wertvolles Kinderfernsehen nicht unerschwinglich sind. Und wir sind bereit, als Fernseh-Nation, dafür Gebühren zu zahlen. – Dieses – unausgesprochene aber vorhandene und wirksame – konsensuelle Versprechen der Bevölkerung soll heute nicht mehr gelten. Die den Markt vergötzenden Politiker wollen es zurücknehmen. Und sie begreifen wahrscheinlich nicht einmal, daß sie dadurch nicht nur Arbeitsplätze und ein gutes, erprobtes, lange eingeführtes Programm bedrohen, sondern auch die Fähigkeit der Gesellschaft, einen personalen, „menschlichen" Willen zu formuliern, eine Zone ihres Betriebes und Bedarfs aus dem Marktgefüge herauszulösen und zu entscheiden: Wir leisten uns diese Sender (diese Post, dieses Gesundheitswesen, dieses Theater etc.), wir legen dafür zusammen, das ist es uns wert.

Marx ging es genau um diese Frage: daß und wie die Gesellschaft einen Weg findet, ihre Bedürfnisse zu befriedigen, o h n e sich dabei dem seelenlosen Marktmechanismus auszuliefern. Seine Alternative hieß allerdings nicht: Staat. Von zentraler Steuerung der Wirtschaft spricht er nirgends, dafür oft von der „Gesellschaft“ oder dem „Gemeinwesen“, das seine Ökonomie „unmittelbar“ selbst regeln solle. Wie das im einzelnen zu geschehen habe, wollte Marx der Praxis überlassen. Er hat da kaum Vorschläge gemacht. Aber es ist zu vermuten, daß ihm ein Geflecht von gemeinwirtschaftlicher, genossenschaftlicher, öffentlich-rechtlicher, kommunaler, staatlicher, und privatwirtschaftlicher Einheit vorgeschwebt hat, wobei die staatlichen Fernsehsender sich eine Kontrolle ihrer Bürokratie, die privatwirtschftlichen sich eine Kontrolle ihrer Geschäftspolitik gefallen lassen müßten.

Hier steckt eine Utopie, die druchaus entwicklungsfähig ist. Die Alternative zum Markt ist nämlich nicht immer nur „der Staat“ in all seiner ökonomischen Inkompetenz – es gibt eine Menge Zwischenformen, für die unsere öffentlich-rechtlichen Rundfunksender ein gutes, erfolgreiches Beispiel sind. Es stimmt auch nicht, daß der Markt keine „fremden“, als personal vermittelnde Strukturen neben sich duldet, daß er „rein“ bleiben müsse, um seine Potenz voll zu entfalten. Seit jeher hat der Staat auch wirtschftliche Aufgaben erfüllt und den Markt offenbar nicht daran gehindert, sich weltweit zu verflechten.

Das wichtigste an der „politischen“, personal vermittelnden Ökonomie ist, daß es bei ihr um Willensbildungsprozesse, um den Austausch von Vorstellungen, Plänen, Entwürfen geht, um – wie Marx es nennt - das „Selbstbewußtsein“ des Gemeinwesens. Der Markt spricht in restringierten Codes, sein letztes Wort ist immer eine Zahl. Die Gesellschaft aber hat noch andere Sorgen als nur Geld. Und sie will auch darüber reden. Ein Nebeneffekt der Markt-Vergötzung in unserer Zeit ist, daß dieses Reden nicht mehr stattfindet. Hier haben wir ihn, den Grund für die sogenannte Politikverdrossenheit, über die alle Medien seufzen.

# Manifest

der

# Kommunistischen Partei.

Veröffentlicht im Februar 1848.

**Proletarier aller Länder vereinigt euch.**

**London.**

Gedruckt in der Office der „Bildungs-Gesellschaft für Arbeiter"
von J. E. Burghard.
46, LIVERPOOL STREET, BISHOPSGATE.

Nachdem die Geschichte lange genug in Aberglauben aufgelöst worden ist, lösen wir den Aberglauben in Geschichte auf.

1843, MEW 1, 553

Ist die Konstruktion der Zukunft und das Fertigweden für alle Zeiten nicht unsere Sache, so ist desto gewisser, was wir gegenwärtig zu vollbtringen haben, ich meine die rücksichtslose Kritik alles Bestehenden, rücksichtslos sowohl in dem Sinne, daß die Kritik sich nicht vor ihren Resultaten fürchtet und ebensowenig vor dem Konflikte mit den vorhandenen Mächten.

1843, MEW 1, 344

Die Arbeiterklasse verlangte keine Wunder von der Kommune. Sie hat keine fix und fertigen Utopien durch Volksbeschluß einzuführen ... Sie hat keine Ideale zu verwirklichen; sie hat nur die Elemente der neuen Gesellschaft in Freiheit zu setzen, die sich bereits im Schoß der zusammenbrechenen Bourgeoisgesellschaft entwickelt haben.

1871, MEW 17, 343

Die völlige Umwandlung der gesellschaftlichen Verhältnisse, die sich aus den Revolutionen und Evolutionen im Prozeß der materiellen Produktion ergibt, wird von den Vertretern der politischen Ökonomie als bloße Utopie angesehen. Sie sehen die ökonomischen Grenzen einer gegebenen Epoche, aber sie begreifen nicht, daß diese Grenzen selbst begrenzt sind und im Verlauf der geschichtlichen Entwicklung ebenso verschwinden müssen, wie sie von ihr geschaffen wurden.

1853, MEW 9, 254

Die doktrinäre und notwendig phantastische Antizipation des Aktionsprogramms einer Revolution der Zukunft leitet nur ab vom gegenwärtigen Kampf. Der Traum vom nah bevorstehenden Untergang der Welt feuerte die primitiven Christen an in ihrem Kampf gegen das römische Weltreich und gab ihnen Siegesgewißheit. Die wissenschaftliche Einsicht in die unvermeidbare und stetig unter unseren Augen vorgehende Zersetzung der herrschenden Gesellschaftsordnung und die durch die alten Regierungsgespenster selbst mehr und mehr in Leidenschaft gegeißelten Massen, die gleichzeitig riesenhaft fortschreitende positive Entwicklung der Produktionsmittel – dies reicht hin als Bürgschaft, daß mit dem Moment des Ausbruchs einer wirklich proletarischen Revolution auch die Bedingungen ihres (wenn auch sicher nicht idyllischen) unmittelbaren, nächsten Modus operandi gegeben sein werden.

1861, MEW 35, 161

Aber innerhalb der bürgerlichen, auf dem Tauschwert beruhenden Gesellschaft, erzeugen sich sowohl Verkehrs- als Produktionsverhältnisse, die ebenso viel Minen sind, um sie zu sprengen. (Eine Masse gegensätzlicher Formen der gesellschaftlichen Einheit, deren gegensätzlicher Charakter jedoch nie durch stille Metamorphose zu sprengen ist. Andrerseits, wenn wir nicht in der Gesellschaft, wie sie ist, die materiellen Produktionsbedingungen und ihnen entsprechenden Verkehrsverhältnisse für eine klassenlose Gesellschaft verhüllt vorfänden, wären alle Sprengversuche Donquichoterie.)

1857/58, Grundrisse, 77

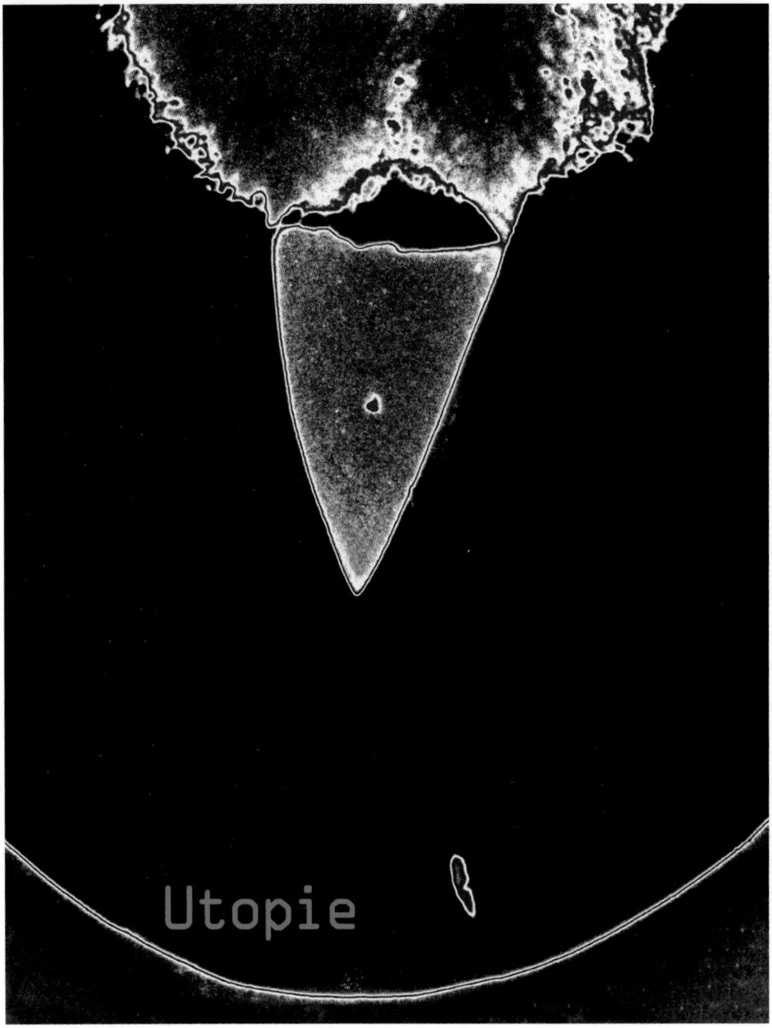


MARX 1, FOTOARBEIT AUF ALUCUPOND, 1995, 115X90 CM

Wir gehn von einem nationalökonomischen, gegenwärtigen Faktum aus. Der Arbeiter wird um so ärmer, je mehr Reichtum er produziert, je mehr seine Produktion an Macht und Umfang zunimmt. Der Arbeiter wird eine um so wohlfeilere Ware, je mehr Waren er schafft. Mit der Verwertung der Sachenwelt nimmt die Entwertung der Menschwelt in direktem Verhältnis zu. Die Arbeit produziert nicht nur Waren; sie produziert sich selbst und den Arbeiter als eine Ware, und zwar in dem Verhältnis, in welchem sie überhaupt Waren produziert.

1844, MEW Erg. Bd. 1, 511

Wir haben den Akt der Entfremdung der praktischen menschlichen Tätigkeit, die Arbeit, nach zwei Seiten hin betrachtet: 1. Das Verhältnis des Arbeiters zum Produkt der Arbeit als fremden und über ihn mächtigen Gegenstand. Das Verhältnis ist zugleich das Verhältnis zur sinnlichen Außenwelt, zu den Naturgegenständen als einer fremden, ihm feindlich gegenüberstehenden Welt. 2. Das Verhältnis der Arbeit zum Akt der Produktion innerhalb der Arbeit. Dies Verhältnis ist das Verhältnis des Arbeiter zu seiner eignen Tätigkeit als einer fremden, ihm nicht angehörigen, die Tätigkeit als Leiden, die Kraft als Ohnmacht, ... die eigne physische und geistige Energie des Arbeiters, sein persönliches Leben – denn was ist Leben (anderes) als Tätigkeit – als eine wider ihn selbst gewendete, von ihm unabhängige, ihm nicht gehörende Tätigkeit ... Eine unmittelbare Konsequenz davon, daß der Mensch dem Produkt seine Arbeit, seine Lebenstätigkeit, seinen Gattungswesen entfremdet ist, ist die Entfremdung des Menschen von den Menschen.

1844, MEW Erg. Bd. 1, 513

Die Aufhebung der Selbstentfremdung macht denselben Weg wie die Selbstentfremdung.

1844, MEW Erg. Bd. 1, 533

Dies materielle, unmittelbar sinnliche Privateigentum ist der materielle sinnliche Ausdruck des entfremdeten menschlichen Lebens ... Religion, Familie, Staat, Recht, Moral, Wissenschaft, Kunst etc. sind nur besondre Weisen der Produktion und fallen unter ihr allgemeines Gesetz. Die positive Aufhebung des Privateigentums, als die Aneignung des menschlichen Lebens, ist daher die positive Aufhebung aller Entfremdung, also die Rückkehr des Menschen aus Religion, Familie, Staat etc. in sein menschliches, d.h. gesellschaftliches Dasein.

1844, MEW Erg. Bd. 1, 537

MARX 2, FOTOARBEIT AUF ALUCUPOND, 1995, 90X110 CM

Es ist nicht genug, daß die Arbeitsbedingungen auf den einen Pol als Kapital treten und auf den adren Pol Menschen, welche nichts zu verkaufen haben als Ihre Arbeitskraft. Es genügt auch nicht, sie zu zwingen, sich freiwillig zu verkaufen. Im Fortgang der kapitalistischen Produktion entwickelt sich eine Arbeiterklasse, die aus Erziehung, Tradition, Gewohnheit die Anforderungen jener Produktionsweise als selbstverständliche Naturgesetze anerkennt. Die Organisation des ausgebildeten kapitalistischen Produktionsprozesses bricht jeden Widerstand, die beständige Erzeugung einer relativen Übervölkerung hält das Gesetz der Zufuhr von und Nachfrage nach Arbeit und daher den Arbeitslohn in einem den Verwertungsbedürfnissen des Kapitals entsprechenen Gleise, der stumme Zwang der ökonomischen Verhältnisse besiegelt die Herrschaft des Kapitalisten über den Arbeiter. Außerökonomische, unmittelbare Gewalt wird zwar immer noch angewandt, aber nur ausnahmsweise. Für den gewöhnlichen Gang der Dinge kann der Arbeiter den „Naturgesetzen der Produktion" überlassen bleiben, d.h. seiner aus den Produktionsbedingungen selbst entspringen, durch sie garantierten und verewigten Abhängigkeit vom Kapital.

1867, MEW 25, 765

Ein brutales Verhältnis kann nur mit Brutalität aufrechterhalten werden.

1843, MEW 1, 342

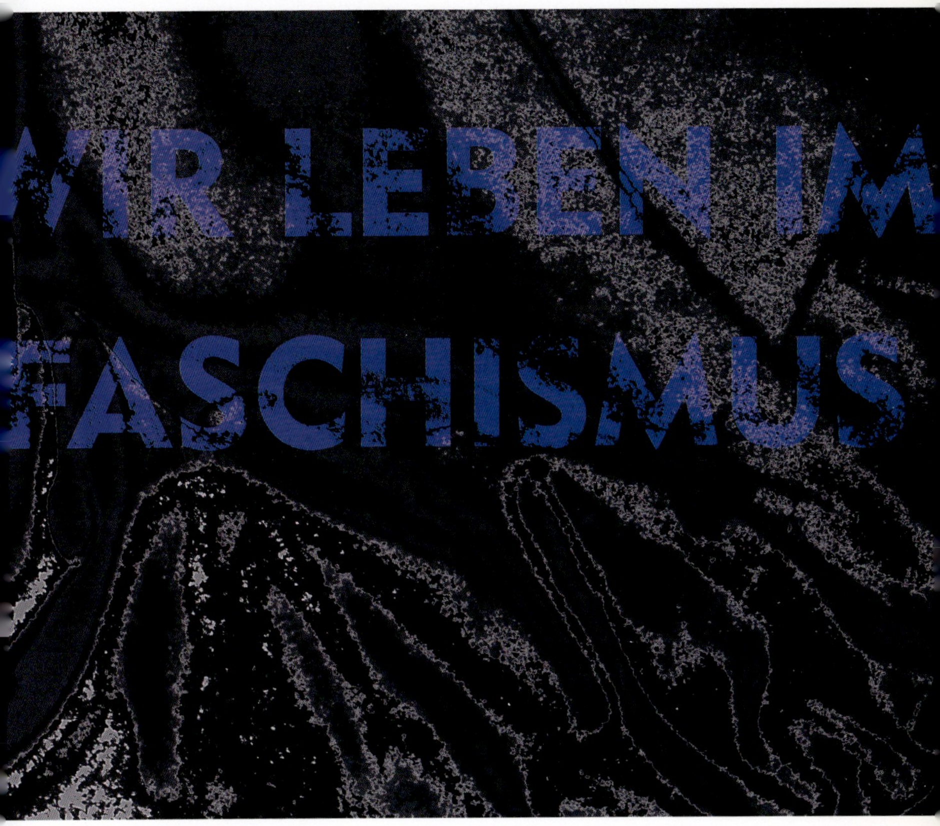


MARX 3, FOTOARBEIT AUF ALUCUPOND, 1995, 90X115 CM

Die Menschen können nichts um sich herum sehen, was nicht ihr Gesicht ist, alles spricht zu ihnen von ihnen selbst. Selbst ihre Landschaft ist beseelt.

1846, MEW 4, 64

Als Bildnerin von Gebrauchswerten, als nützliche Arbeit, ist die Arbeit daher eine von allen Gesellschaftsformen unabhängige Existenzbedingung des Menschen, ewige Naturnotwendigkeit,m um den Stoffwechsel zwischen Mensch und Natur, also das menschliche Leben zu vermitteln ... Der Mensch kann in seiner Produktion nur verfahren, wie die Natur selbst, d.h. nur die Formen der Stoffe ändern.

1867, MEW 25, 57

Die kapitalistische Produktion entwickelt daher nur die Technik und Kombination des gesellschaftlichen Produktionsprozesses, indem sie zugleich die Springquellen alles Reichtums untergräbt; die Erde und den Arbeiter.

1867, Das Kapital 1, MEW 25, 530

Der Kommunismus als positive Aufhebung des Privateigentums als menschlicher Selbstentfremdung und darum als wirkliche Aneignung des menschlichen Wesens durch und für den Menschen; darum als vollständige, bewußt und innerhalb des ganzen Reichtums der bisherigen Entwicklung gewordne Rückkehr des Menschen für sich als eines gesellschaftlichen, d.h. menschlichen Menschen. Dieser Kommunismus ist als vollendeter Naturalismus = Humanismus, als vollendeter Humanismus = Naturalismus, er ist die wahrhafte Auflösung des Widerstreites zwischen dem Mensch mit der Natur und mit dem Menschen, die wahre Auflösung des Streits zwischen Existenz und Wesen, zwischen Vergegenständlichung und Selbstbestätigung, zwischen Freiheit und Notwendigkeit, zwischen Individuum und Gattung. Er ist das aufgelöste Rätsel der Geschichte und weiß sich als diese Lösung.

1844, MEW Erg. Bd. 1, 536

Mag das Leben sterben, der Tod darf nicht leben.

1843, MEW 1, 67

MARX 4, FOTOARBEIT AUF ALUCUPOND, 1995, 80X160 CM

Es ist schlimm, Knechtsdienste selbst für die Freiheit zu verrichten und mit Nadeln, statt mit Kolben zu fechten. Ich bin der Heuchelei, der Dummheit, der rohen Autorität und unseres Schmiegens, Biegens, Rückendrehens und Wortklauberei müde gewesen. Also die Regierung hat mich wieder in Freiheit gesetzt ... In Deutschland kann ich nichts mehr beginnen. Man verfälscht sich hier selbst.

1843, MEW 27, 415

MARX 5, FOTOARBEIT AUF ALUCUPOND, 1995, 90X115 CM

Und gleiche Exploitation der Arbeitskraft ist das erste Menschenrecht des Kapitals.

1867, MEW 25, 309

Die Form des Arbeitslohns löscht also jede Spur der Teilung des Arbeitstags in notwendige Arbeit und Mehrarbeit, in bezahlte und unbezahlte Arbeit aus. Alle Arbeit erscheint als bezahlte Arbeit ... Auf dieser Erscheinungsform, die das wirkliche Verhältnis unsichtbar macht und grade sein Gegenteil zeigt, beruhn alle Rechtsvorstellungen des Arbeiters wie des Kapitalisten, alle Mystifikationen der kapitalistischen Produktionsweise, alle ihre Freiheitsillusionen, alle apologetischen Flausen der Vulgärökonomie.

1867, MEW 25, 562

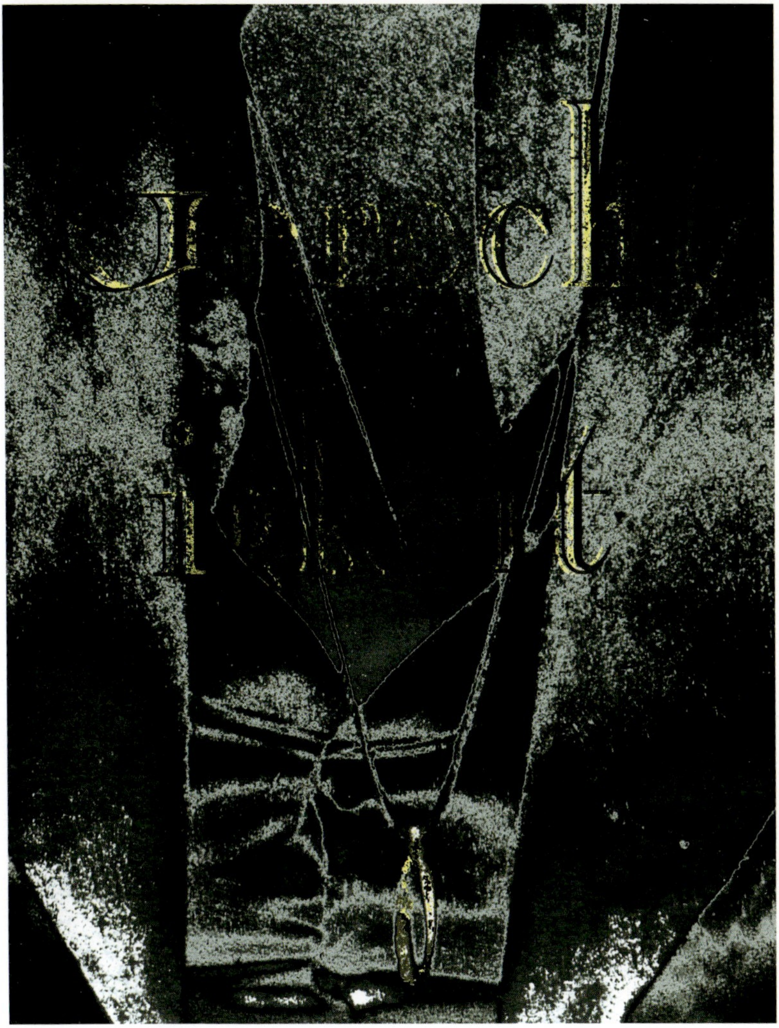

MARX 6, FOTOARBEIT AUF ALUCUPOND, 1995, 115X90 CM

Wenn der Mensch der Sinnenwelt und der Erfahrung in der Sinnenwelt alle Kenntnis, Empfindung etc. sich bildet, so kommt es also darauf an,m die empirische Welt so einzurichten, daß er das wahrhaft Menschliche in ihr erfährt, sich angewöhnt, daß er das wahrhaft Menschliche in ihr erfährt, sich angewöhnt, daß er sich als Mensch erfährt. Wenn das wohlverstandne Interesse das Prinzip aller Moral ist, so kommt es darauf an, daß das Privatinteresse des Menschen mit dem menschlichen Ineresse zusammenfällt ... Wenn der Mensch von den Umständen gebildet wird, so muß man die Umstände menschlich bilden.

1844/45, MEW 2, 138

Alle Emanzipation ist Zurückführung der menschlichen Welt, der Verhältnisse, auf den Menschen selbst ... Erst wenn der wirkliche individuelle Mensch den abstrakten Staatsbürger in sich zurücknimmt und als individueller Mensch in seinem empirischen Leben, in seiner individuellen Arbeit, in seinen individuellen Verhältnissen, Gattungswesen geworden ist, er wenn der Mensch seine „forces propres“ (eigene Kräfte) als gesellschaftliche Kräfte erkannt und organisiert hat und daher die gesellschaftliche Kraft nicht mehr in der Gestalt der Politischen Kraft von sich trennt, erst dann ist die menschliche Emanzipation vollbracht.

1843, MEW 1. 370

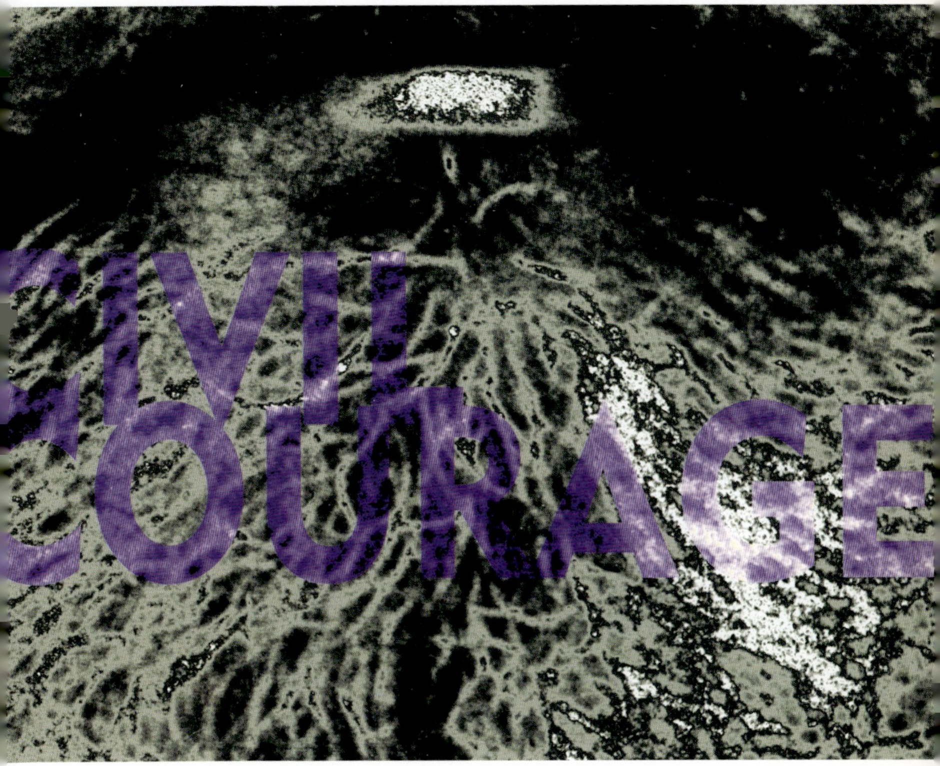


MARX 7, FOTOARBEIT AUF ALUCUPOND, 1995, 82X115 CM

Die Produktion der Ideen, Vorstellungen, des Bewußtseins ist zunächst unmittelbar verflochten in die materielle Tätigkeit und den materiellen Verkehr der Menschen, Sprache des wirklichen Lebens. Das Vorstellen, Denken, der geistige Verkehr der Menschen erscheinen hier noch als direkter Ausfluß ihres materiellen Verhaltens. Von der geistigen Produktion, wie sie in der Sprache der Politik, der Gesetze, der Moral, der Religion, Metaphysik usw. eines Volkes sich darstellt, gilt dasselbe. Die Menschen sind die Produzenten ihrer Vorstellungen, Ideen pp., aber die wirklichen, wirkenden Menschen, wie sie bedingt sind durch eine bestimmte Entwicklung ihrer Produktivkräfte und des denselben entsprechenden Verkehrs bis zu seinen weitesten Formationen hinauf. Das Bewußtsein kann nie etwas Andres sein als das bewußte Sein, und das Sein der Menschen ist ihr wirklicher Lebensprozeß. Wenn in der ganzen Ideologie die Menschen und ihre Verhältnisse wie in einer Camera obscura auf den Kopf gestellt erscheinen, so geht dies Phänomen ebensosehr aus ihrem historischen Lebensprozeß hervor, wie die Umdrehung der Gegenstände auf der Netzhaut aus ihrem unmittelbar physischen.

1845/46, MEW 3, 26

Der „Geist" hat von vornherein den Fluch an sich, mit der Materie „behaftet" zu sein, die hier in der Form von bewegten Luftschichten, Tönen, kurz der Sprache auftritt. Die Sprache ist so alt wie das Bewußtsein – die Sprache *ist* das praktische, auch für andre Menschen existierende, also auch für mich selbst erst existierende wirkliche Bewußtsein, und die Sprache entsteht, wie das Bewußtsein, erst aus dem Bedürfnis, der Notdurft des Verkehrs mit andern Menschen.

1845/46, MEW 3, 30

Der religiöse Widerschein der wirklichen Welt kann überhaubt nur verschwinden, sobald die Verhältnisse des praktischen Werkeltagslebens den Menschen tagtäglich durchsichtig vernünftige Beziehungen zueinander und zur Natur darstellen.

1867, MEW 25, 94

Die Forderung, die Illusionen über seinen Zustand aufzugeben, ist die *Forderung, einen Zustand aufzugeben, der der Illusionen bedarf.*

1843, MEW 1, 397

Die Kritik der Religion endet mit der Lehre, daß der Mensch das höchste Wesen für den Menschen sei, also mit dem katigorischen Imperativ, alle Verhältnisse umzuwerfen, in denen der Mensch ein erniedrigtes, ein geknechtetes, ein verlassenes, ein verächtliches Wesen ist, Verhältnisse, die man nicht besser schildern kann als durch den Ausruf eines Franzosen bei einer projektierten Hundesteuer: Arme Hunde! Man will euch wie Menschen behandeln!

1843, MEW 1, 385

Unser Wahlspruch muß also sein: Reform des Bewußtseins nicht durch Dogmen, sondern durch Analysierung des mystischen, sich selbst unklaren Bewußtseins, trete es nun religiös oder politisch auf. Es wird sich dann zeigen, daß die Welt längst den Traum von einer Sache besitzt, von der sie nur das Bewußtsein besitzen muß, um sie wirklich zu besitzen.

1843, MEW 1, 346

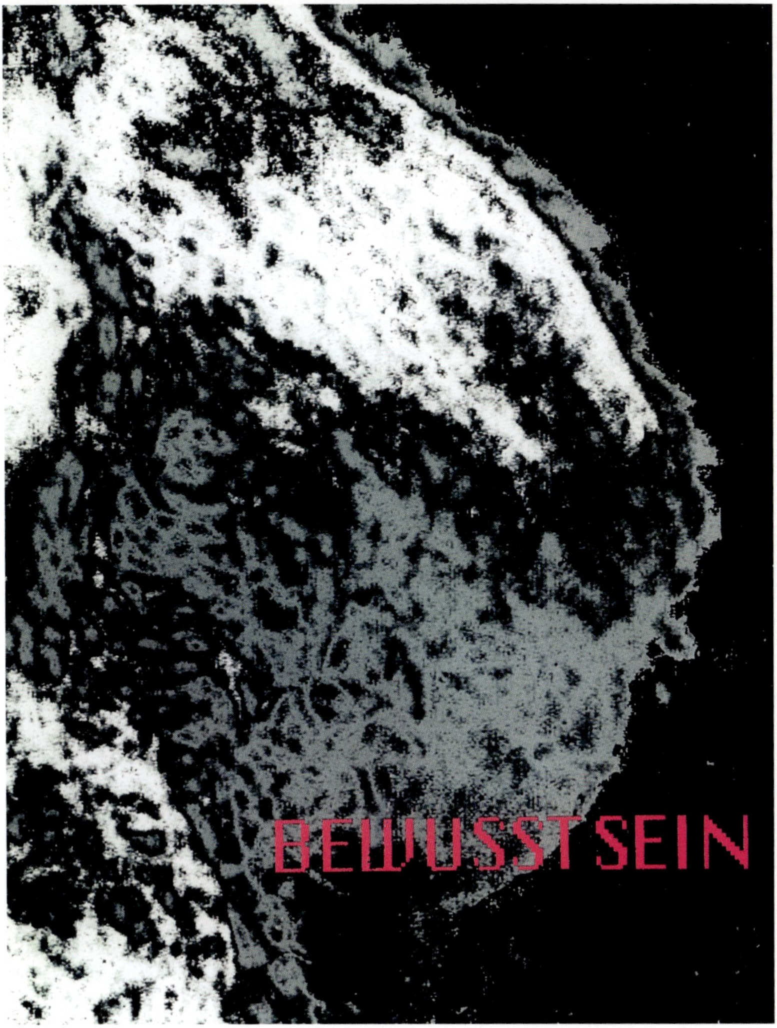


MARX 8, FOTOARBEIT AUF ALUCUPOND, 1995, 115X90 CM

In unseren Tagen scheint jedes Ding mit seinem Gegenteil schwanger zu gehen. Wir sehen, daß die Maschinerie, die mit der wundervollen Kraft begabt ist, die menschliche Arbeit zu verringern und fruchtbarer zu machen, sie verkümmern läßt und bis zur Erschöpfung auszehrt. Die neuen Quellen des Reichtums verwandeln sich durch einen seltsamen Zauberbann zu Quellen der Not. Die Siege der Wissenschaft scheinen erkauft durch Verlust an Charakter. In dem Maße, wie die Menschheit die Natur bezwingt, scheint der Mensch durch andre Menschen oder durch seine eigne Niedertracht unterjocht zu werden. Selbst das reine Licht der Wissenschaft scheint nur auf dem dunklen Hintergrund der Unwissenheit leuchten zu können. All unser Erfinden und unser ganzer Fortschritt scheinen darauf hinauszulaufen, daß sie materielle Kräfte mit geistigem Leben ausstatten und das menschliche Leben zu einer materiellen Kraft verdummen. Dieser Antagonismus zwischen moderner Industrie und Wissenschaft auf der einen Seite und modernem Elend und Verfall auf der andern Seite, dieser Antagonismus zwischen den Produktivkräften und den gesellschaftlichen Beziehungen unserer Epoche ist eine handgreifliche, überwälitigende und unbestreitbate Tatsache. Einige Parteien mögen darüber wehklagen; andere mögen wünschen, die modernen technischen Errungenschaften loszuwerden, um die modernen Konflikte loszuwerden. Oder sie mögen sich einbilden, daß ein so bemerkenswerter Fortschritt in der Industrie eines ebenso bemerkenswerten Rückschritts in der Politik zu seiner Vervollständigung bedarf. Wir für unsern Teil verkennen nicht die Gestalt des arglistigen Geistes, der sich fortwährend in all diesen Widersprüchen offenbart.

1856, MEW 12, 3

Der Arbeiter selbst produziert daher beständig den objektiven Reichtum als Kapital, ihm fremd, ihn beherrschende und ausbeutende Macht, und der Kapitalist produziert ebenso beständig die Arbeitskraft als subjektive, von ihren eignen Vergegenständlichungs- und Verwirklichungsmitteln getrennt, abstrakte, in der bloßen Leiblichkeit des Arbeiters existierende Reichtumsquelle, kurz den Arbeiter als Lohnarbeiter. Diese beständige Reproduktion oder Verewigung des Arbeiters ist das sine qua non (die unerläßliche Bedingung) der kapitalistischen Produktion.

1867, MEW 25, 596

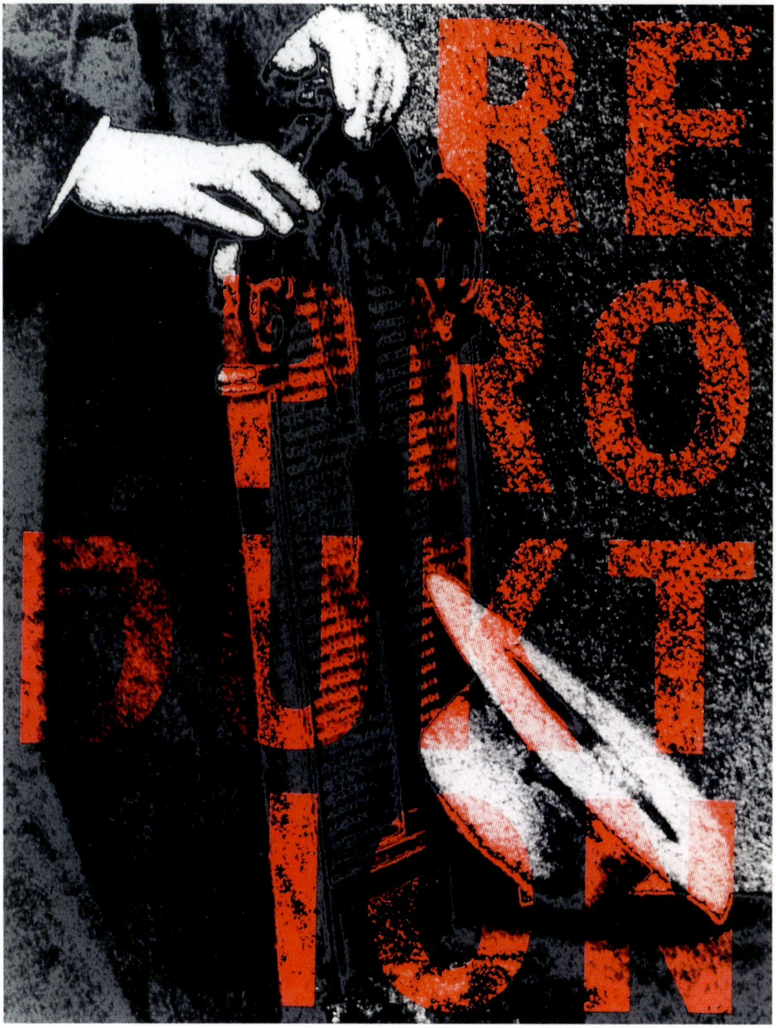


MARX 9, FOTOARBEIT AUF ALUCUPOND, 1995, 115X90 CM

Woher entspringt also der rätselhafte Charakter des Arbeitsprodukts, sobald es Warenform annimmt? ... Das Geheimnisvolle der Warenform besteht also einfach darin, daß sie den Menschen die gesellschaftlichen Charakter ihrer eigenen Arbeit als gegenständliche Charaktere der Arbeitsprodukte selbst, als gesellschaftliche Natureigenschaften dieser Dinge zurückspiegelt, daher auch das gesellschafliche Verhältnis der Produzenten zur Gesamtarbeit als ein außer ihnen existierendes gesellschaftliches Verhältnis von Gegenständen ... Es ist nur das bestimmte gesellschaftliche Verhältnis der Menschen selbst, welches hier für sie die phantasmagorische Form eines Verhältnisses von Dingen annimmt. Um daher eine Analogie zu finden, müssen wir die Nebelregion der religiösen Welt flüchten. Hier scheinen die Produkte des menschlichen Kopfes mit eignem Leben begabte, untereinander und mit den Menschen in Verhältnis stehende Gestalten. So in der Warenwelt die Produkte der menschlichen Hand. Dies nenne ich den Fetischismus.

1867, MEW 25, 86

... die ganze Welt ist eine Welt der Mythen geworden. Jede Gestalt ist ein Rätsel. Auch in neuster Zeit ist dies wiedergekehrt ...

1842, Erg. Bd. 1, 228

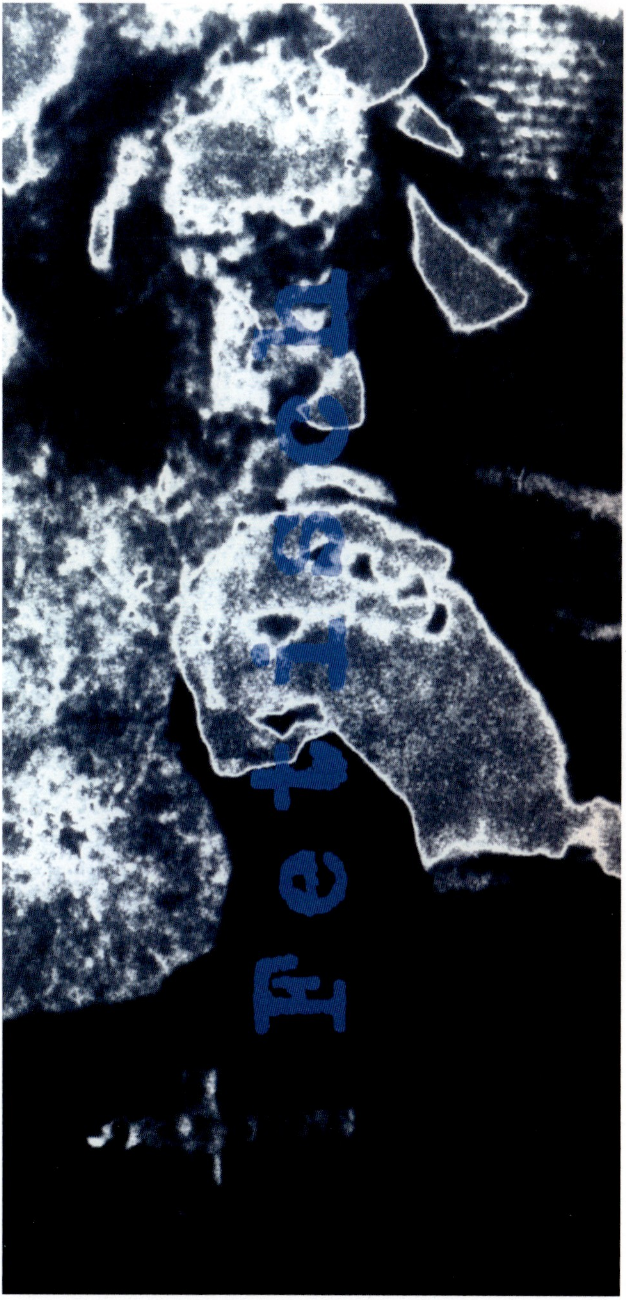


MARX 10, FOTOARBEIT AUF ALUCUPOND, 1995, 80X160 CM

Man sieht, die Ware liebt das Geld, aber "the course of true love never does run smooth" ... Der eine Prozeß ist zweiseitiger Prozeß, vom Pol des Warenbesitzers Verkauf, vom Gegenpol des Geldbesitzers Kauf. Oder Verkauf ist Kauf, W - G zugleich G - W ... Die unmittelbare Form der Warenzirkulation ist W - G - W, Verwandlung von Ware in Geld und Rückverwandlung von Geld in Ware, verkaufen, um zu kaufen. Neben dieser Form finden wir aber eine zweite, spezifische unterschieden vor, die Form G - W - G, Verwandlung von Geld in Ware und Rückwandlung von Ware in Geld, kaufen, um zu verkaufen. Geld, das in seiner Bewegung diese letztre Zirkulation beschreibt, verwandelt sich in Kapital, wird Kapital und ist schon seiner Bestimmung nach Kapital ... Der Kreislauf W - G - W geht aus von dem Extrem einer Ware und schließt ab mit dem Extrem einer andren Ware, die aus der Zirkulation heraus und der Konsumtion anheimfällt. Konsumtion, Befriedigung von Bedürfnissen, mit einem Wort, Gebrauchswert ist daher sein Endzweck. Der Kreislauf G -W -G geht dagegen aus von dem Extrem des Geldes und kehrt schließlich zurück zu demselben Extrem. Sein treibendes Motiv und bestimmender Zweck ist daher der Tauschwert selbst ... Der Gebrauchswert ist also nie als unmittelbarer Zweck des Kapitalisten zu behandeln. Auch nicht der einzelne Gewinn, sondern nur die rastlose Bewegung des Gewinnens. Dieser absolute Bereicherungstrieb, diese leidenschaftliche Jagd auf den Wert ist dem Kapitalisten mit dem Schatzbildner gemein ... Um aus dem Verbrauch einer Ware Wert herauszuziehen, müßte unser Geldbesitzer so glücklich sein, innerhalb der Zirkulationssphäre, auf dem Markt, eine Ware zu entdecken, deren Gebrauchswert selbst die eigentümliche Beschaffenheit besäße, Quelle von Wert zu sein, deren wirklicher Verbrauch also selbst Vergegenständlichung von Arbeit wäre, daher Wertschöpfung. Und der Geldbesitzer findet auf dem Markt eine solche spezifische Ware vor- das Arbeitsvermögen oder die Arbeitskraft ... Das Kapital ist also nicht nur Kommando über Arbeit, wie A. Smith sagt. Es ist wesentlich Kommando über unbezahlte Arbeit. Aller Mehrwert, in welcher besondern Gestalt von Profit, Zins, Rente usw. er sich später kristallisiere, ist seiner Substanz nach Materiatur unbezahlter Arbeitszeit. Das Geheimnis von der Selbstverwertung des Kapitals löst sich auf in seine Verfügung über ein bestimmtes Quantum unbezahlter fremder Arbeit.

1867, MEW 25, 556

Die große Schönheit der kapitalistischen Produktion besteht darin, daß sie nicht nur beständig den Lohnarbeiter als Lohnarbeiter reproduziert, sondern im Verhältnis zur Akkumulation des Kapitals stets eine relative Übervölkerung von Lohnarbeitern produziert. So wird das Gesetz von Arbeitsnachfrage und Zufuhr in richtigem Geleis gehalten, die Lohnschwankung innerhalb der kapitalistischen Exploitation zusagende Schranken gebannt und endlich die so unentbehrliche soziale Abhängigkeit des Arbeiters vom Kapitalisten verbürgt, ein absolutes Abhängigkeitsverhältnis, das der politische Ökonom zu Haus, im Mutterland, breimäulig umlügen kann in ein freies Kontraktverhältnis von Käufer und Verkäufer, von gleich unabhängigen Warenbesitzern, Besitzern der Ware Kapital und der Ware Arbeit. Aber in den Kolonien reißt der schöne Wahn entzwei ...

1867, MEW 25, 769

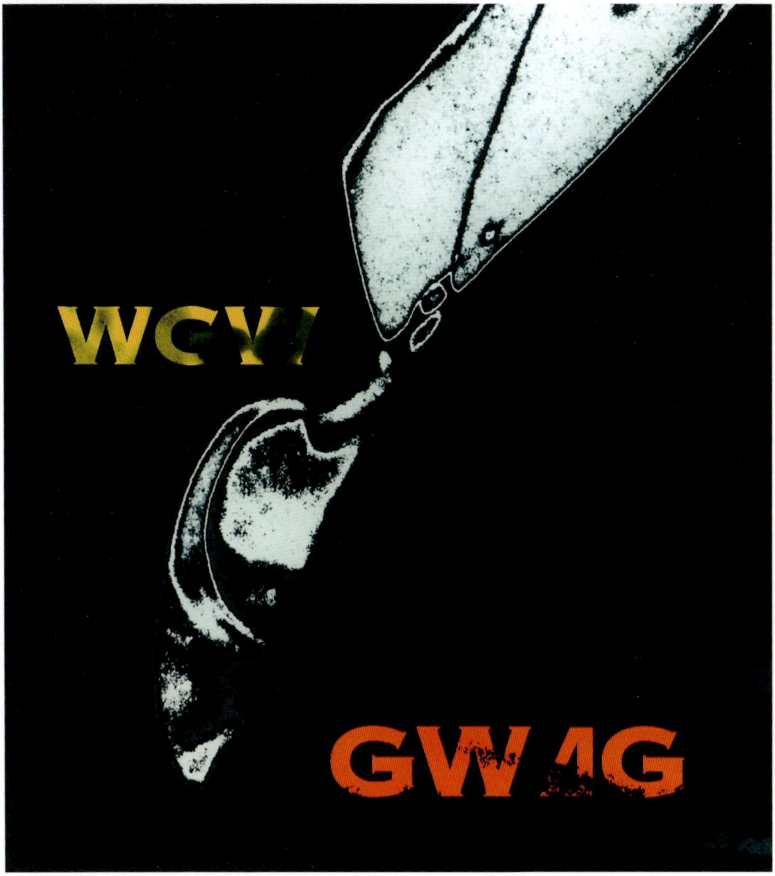

MARX 11, FOTOARBEIT AUF ALUCUPOND, 1995, 90X80 CM

„Die Arbeit ist die Quelle alles Reichtums und aller Kultur." Die Arbeit ist nicht die Quelle alles Reichtums. Die Natur ist ebensosehr die Quelle der Gebrauchswerte (und aus solchen besteht doch wohl der sachliche Reichtum!) als die Arbeit, die selbst nur Äußerung einer Naturkraft ist, der menschlichen Arbeitskraft ... Die Bürger haben sehr gute Gründe, der Arbeit übernatürliche Schöpfungskraft anzudichten; denn grad aus der Naturbedingtheit der Arbeit folgt, daß der Mensch, der kein andres Eigentum besitzt als eine Arbeitskraft, in allen Gesellschafts- und Kulturständen der Sklave der andern Menschen sein muß, die sich zu Eigentümern der gegenständlichen Arbeitsbedingungen gemacht haben. Er kann nur mit ihrer Erlaubnis arbeiten, also nur mit ihrer Erlaubnis leben.

1875, MEW 19, 15

... innerhalb des kapitalistischen Systems vollziehen sich alle Methoden zur Steigerung der gesellschaftlichen Produktivkraft der Arbeit auf Kosten des individuellen Arbeiters; alle Mittel zur Entwicklung der Produktion schlagen um in Beherrschungs- und Exploitionsmittel des Produzenten, verstümmeln den Arbeiter in einen Teilmenschen, entwürdigen ihn zum Anhängsel der Maschine, vernichten mit der Qual seiner Arbeit ihren Inhalt, entfremden ihm die geistigen Potenzen des Arbeitsprozesses im selben Maße, worin letzerem die Wissenschaft als selbständige Potenz einverleibt wird; sie verunstalten die Bedingungen, innerhalb deren er arbeitet, unterwerfen ihn während des Arbeitsprozesses der kleinlichst gehässigen Despotie, verwandeln seine Lebenszeit in Arbeitszeit, schleudern sein Weib und Kind unter das Juggernaut-Rad des Kapitals. Aber alle Methoden zur Produktion des Mehrwerts sind zugleich Methoden der Akkumulation, und jede Ausdehnung der Akkumulation wird umgekehrt Mittel zu Entwicklung jener Methoden. Es folgt daher, daß im Maße wie Kapital akkumuliert, die Lage des Arbeiters, welches immer seine Zahlung, hoch oder niedrig, sich verschlechtern muß. Das Gesetz endlich, welches die relative Übervölkerung oder industrielle Reservearmee stets mit Umfang und Energie der Akkumulation in Gleichgewicht hält, schmiedet den Arbeiter fester an das Kapital als den Prometheus die Keile des Hephästos an den Felsen. Es bedingt eine der Akkumulation von Kapital entsprechende Akkumulation von Elend. Die Akkumulation von Reichtum auf dem einen Pol ist also zugleich Akkumulation von Elend, Arbeitsqual, Sklaverei, Unwissenheit, Brutalisierung und moralischer Degradation auf dem Gegenpol, d.h. auf Seite der Klasse, die ihr eignes Produkt als Kapital produziert.

1867, MEW 25, 675

Nicht allein das Privateigentum als sachlichen Zustand, das Privateigentum als Tätigkeit, als Arbeit, muß man angreifen, wenn man ihm den Todesstoß versetzen will ... Die Aufhebung des Privateigentums wird also erst zu einer Wirklichkeit, wenn sie als Aufhebung der "Arbeit" gefaßt wird, eine Aufhebung, die natürlich erst durch die Arbeit selbst möglich geworden ist, d.h. durch die materielle Tätigkeit der Gesellschaft möglich geworden.

1844, K.M. über F. Lists Buch „Das rationale System der Polit. Ökonomie"

Die Freiheit der Arbeit ist die freie Konkurrenz der Arbeiter unter sich ... Die Arbeit ist frei in allen zivilisierten Ländern; es handelt sich nicht darum, die Arbeit zu befreien, sondern sie aufzuheben.

1845/46, MEW 3, 186

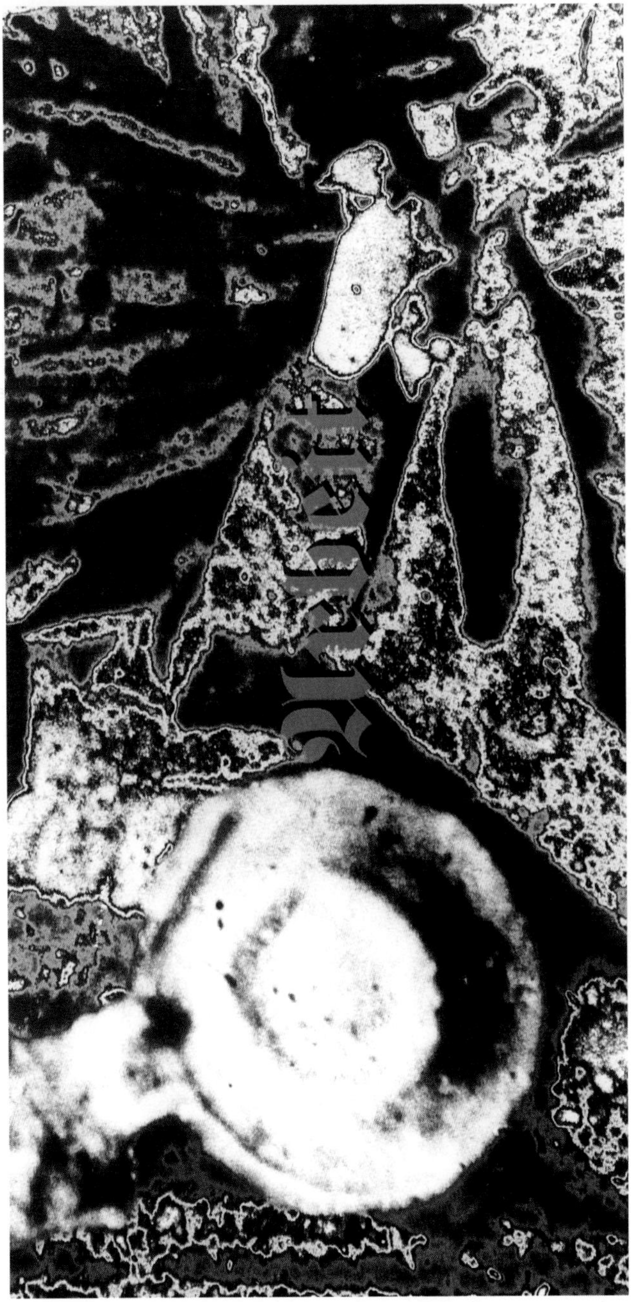


MARX 12, FOTOARBEIT AUF ALUCUPOND, 1995, 80X160 CM

Das Privateigentum hat uns so dumm und einseitig gemacht, daß ein Gegenstand erst der unsrige ist, wenn wir ihn haben, also als Kapital für uns existiert oder von uns unmittelbar besessen, gegessen, getrunken, an unsrem Leib getragen, von uns bewohnt etc., kurz, gebraucht wird ... An die Stelle aller physischen und geistigen Sinne ist daher die einfache Entfremdung aller dieser Sinne, der Sinn des Habens getreten. Auf diese absolute Armut mußte das menschliche Wesen reduziert werden, damit es seinen inneren Reichtum aus sich herausgebäre ... Die Aufhebung des Privateigentums ist daher die vollständige Emanzipation aller menschlichen Sinne und Eigenschaften; aber sie ist diese Emanzipation gerade dadurch, daß diese Sinne und Eigenschaften menschlich, sowohl subjektiv als objektiv, geworden sind ... Die Bildung der 5 Sinne ist eine Arbeit der ganzen bisherigen Weltgeschichte.

1844, Erg. Bd 1, 542

MARX 13, FOTOARBEIT AUF ALUCUPOND, 1995, 115X90 CM

An die Stelle der Alten bürgerlichen Gesellschaft mit ihren Klassen und Klassengegensätzen tritt eine Assoziation, worin die freie Entwicklung eines jeden die Bedingung für freie Entwicklung aller ist.

1847/48 Manifest der kommunistischen Partei

MARX 14, FOTOARBEIT AUF ALUCUPOND, 1995, 90X115 CM

Die Schöpfung von viel disposable time außer der notwendigen Arbeitszeit für die Gesellschaft überhaupt und jedes Glied derselben (d.h. Raum für die Entwicklung der vollen Produktivkräfte der Einzelnen, daher auch der Gesellschaft), diese Schöpfung von Nicht-Arbeitszeit erscheint auf dem Standpunkt des Kapitals, wie aller früheren Stufen, als Nicht-Arbeitszeit, freie Zeit für einige. Das Kapital fügt hinzu, daß es die Surplusarbeitszeit der Masse durch alle Mittel der Kunst und Wissenschaft vermehrt, weil sein Reichtum direkt in der Aneignung von Surplusarbeitszeit besteht; da sein Zweck direkt der Wert, nicht der Gebrauchswert ... Seine Tendenz aber immer, einerseits disposable time zu schaffen andrerseits to convert it into surplus labour ... Je mehr dieser Widerspruch sich entwickelt, um so mehr stellt sich heraus, daß das Wachstum der Produktivkräfte nicht mehr gebannt sein kann an die Aneignung fremder surplus labour, sondern die Arbeitermasse selbst die Surplusarbeit sich aneignen muß. Hat sie das getan - und hört damit die disposable time auf, gegensätzliche Existenz zu haben - so wird einerseits die notwendige Arbeitszeit ihr Maß an den Bedürfnissen des gesellschaftlichen Individuums haben, andrerseits die Entwicklung der gesellschaftlichen Produktivkraft so rasch wachsen, daß obgleich nun auf den Reichtum aller die Produktion berechnet ist, die disposable time aller wächst. Denn der wirkliche Reichtum ist die entwickelte Produktivkraft aller Individuen. Es ist dann keineswegs mehr die Arbeitszeit, sondern die disposable time das Maß des Reichtums.

1857/58, Grundrisse 595

MARX 15, FOTOARBEIT AUF ALUCUPOND, 1995, 115X90 CM

Das egoistische Individuum der bürgerlichen Gesellschaft mag sich in seiner unsinnlichen Vorstellung und unlebendigen Abstraktion zum Atom aufblähen, d.h. zu einem beziehungslosen, selbstgenügsamen, bedürfnislosen, absolut vollen, seligen Wesen. Die unselige sinnliche Wirklichkeit kümmert sich nicht um seine Einbildung, jeder seiner Sinne zwingt es, an den Sinn der Welt und der Individuen außer ihm zu glauben, und selbst sein profaner Magen erinnert es täglich daran, daß die Welt außer ihm nicht leer, sondern das eingentlich Erfüllende ist. Jedes seiner Wesenstätigkeiten und Eigenschaften, jeder seiner Lebenstriebe wird zum Bedürfnis, zur Not, die seine Selbstsucht zur Sucht nach andern Dingen und Menschen außer ihm macht. Da aber das Bedürfnis des einen Individuums keinen sich von selbst verstehenden Sinn für das andere egoistische Individuum, das die Mittel, jenes Bedürfnis zu befriedigen, besitzt, also keinen unmittelbaren Zusammenhang mit der Befriedigung hat, so muß jedes Individuum diesen Zusammenhang schaffen, indem es gleichfalls zum Kuppler zwischen dem Bedürfnis und den Gegenständen dieses Bedürfnisses wird.

1845, MEW 2, 127

Die universal entwickelten Individuen, deren gesellschaftliche Verhältnisse als ihre eignen, gemeinschaftlichen Beziehungen auch ihrer eignen gemeinschaftlichen Kontrolle unterworfen sind, sind kein Produkt der Natur, sondern der Geschichte. Der Grad und die Universalität der Entwicklung der Vermögen, worin diese Individualität möglich wird, setzt eben die Produktion auf der Basis der Tauschwerte voraus, die mit der Allgemeinheit die Entfremdung des Individuums von sich und von andren, aber auch die Allgemeinheit und Allseitigkeit seiner Beziehungen und Fähigkeiten erst produziert. Auf früheren Stufen der Entwicklung erscheint das einzelne Individuum voller, weil es eben die Fülle seiner Beziehungen noch nicht herausgearbeitet und als von ihm unabhängige gesellschaftliche Mächte und Verhältnisse sich gegenübergestellt hat. So lächerlich es ist, sich nach jener ursprünglichen Fülle zurückzusehnen, so lächerlich ist der Glaube bei jener Entleerung stehenbleiben zu müssen.

1857/58, Grundrisse, 79

Die menschliche Individualität, die menschliche Moral ist sowohl selbst zu einem Handelsartikel geworden, wie zum Material, worin das Geld existiert. Statt Geld, Papier ist mein eignes persönliches Dasein, mein Fleisch und Blut, meine gesellige Tugend und Geltung die Materie, der Körper des Geldgeistes.

1844, MEW Erg. Bd 1, 449

In der gegenwärtigen Epoche hat die Herrschaft der sachlichen Verhältnisse über die Individuen, die Erdrückung der Individualität durch die Zufälligkeit, ihre schärfste und universellste Form erhalten und damit den existierenden Individuen eine ganz bestimmte Aufgabe gestellt. Sie hat ihnen die Aufgabe gestellt, an die Stelle der Herrschaft der Verhältnisse und der Zufälligkeit über die Individuen die Herrschaft der Individuen über die Zufälligkeit und die Verhältnisse zu setzen. Sie hat nicht, wie Sancho sich einbildet, die Forderung gestellt, daß "Ich mich entwickle", was jedes Individuum bis jetzt ohne Sanchos guten Rat getan hat, sie hat vielmehr die Befreiung von einer ganz bestimmten Weise der Entwicklung vorgeschrieben. Diese durch die gegenwärtigen Verhältnisse vorgeschriebene Aufgabe fällt zusammen mit der Aufgabe, die Gesellschaft kommunistisch zu organisieren.

1845/46, MEW 3, 424

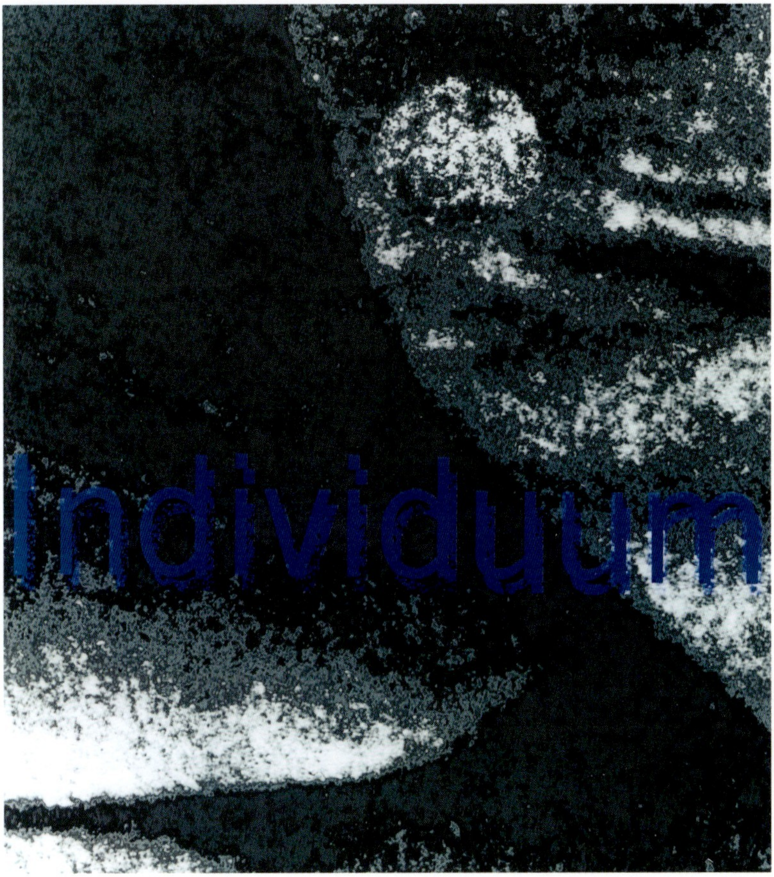


MARX 16, FOTOARBEIT AUF ALUCUPOND, 1995, 90X80 CM

# MARX-DEVISEN. NOTIZEN ZU DIETER HUBERS MARX PROJEKT TRIER

Ivo Kranzfelder

I

Anläßlich des sogenannten Zusammenbruchs der realsozialistischen Systeme des Ostens lancierten die sogenannten C-Parteien dieser Republik ein Plakat, auf dem ein Marx-Porträt kombiniert wurde mit dem Spruch "Proletarier aller Länder, vergebt mir!" Ein anderer Spruch, der kursierte, lautete sinngemäß, der Kapitalismus habe mitnichten gesiegt, er sei lediglich übriggeblieben. Die Verteufelung von Marx, wie sie 1989/90 erneut und verstärkt wieder einsetzte — sein Privatleben wurde hemmungslos in Biographien ausgeschlachtet und mit seinen Gedanken quasi gleichgesetzt — hat ebenso wie das erwähnte Plakat etwas Groteskes an sich. Als allerdings aus, wie es hieß, finanziellen Gründen die weitere Bearbeitung und Herausgabe der MEGA (Marx-Engels-Gesamtausgabe) gefährdet war, hörte der Spaß auf.

"Gegen Klassenkampf und Materialismus, für Volksgemeinschaft und idealistische Lebenshaltung!" So könnte man es heute wieder tönen hören, wäre da nicht der Nachsatz: "Ich übergebe der Flamme die Schriften von Marx und Kautsky." Die Formeln zur Bücherverbrennung veröffentlichte der Fränkische Kurier vom 12. Mai 1933. Abgedruckt ist dieses Dokument in einem der Bücher, die im Überschwange des 'Sieges' des Kapitalismus und in der immensen medien-, technik- und fortschrittsbedingten Beschleunigung des Vergessens und des Verdrängens unter den Tisch gefallen sind. "Die Zerstörung der deutschen Politik. Dokumente 1871-1933" wurde 1959 von Harry Pross herausgegeben. Im Kapitel über "Kulturpessimismus" spricht

ABB. ENGELS, MARX UND TÖCHTER. LONDON 1864

Pross von einer "hybriden Arbeitslust" des Volkes in dieser Hoch-, wenn nicht Höchstphase der Industrialisierung, und von der "Auflösung des Ich durch Arbeit", die erzwungen sein könne, die aber auch "durch freiwillige Unterwerfung des Menschen unter die verabsolutierte Arbeit erfolgen" könne. Die Arbeit gewähre dann eine Befriedigung, die sonst in Abhängigkeit von anderen Lustempfindungen gewonnen werde: "Solche 'Arbeitstiere' haben in der Hierarchie die besten Aussichten, weil sie sich deren Apparat mit Haut und Haaren verschreiben und ihn zu ihrem Lebensinhalt machen. Sie verkörpern eine Art von wirtschaftlichem Militarismus, denn andere als die Maßstäbe ihres Apparates lassen sie nicht gelten." Es ist die Rede vom deutschen Kaiserreich um 1890, etwas über hundert Jahre später sind wir in etwa wieder dort gelandet — angereichert mit verschiedenen Verfeinerungen wie Bespitzelung und Verleumdung, bekannt unter dem neudeutschen Ausdruck "mobbing".

Es mutet unter solchen Umständen fast rührend an, wenn man in diesem Zusammenhang zurückverweist auf Marx' frühe Kritik an der Arbeitsteilung, wie er sie in der "Deutschen Ideologie" formuliert hat. In der kommunistischen Gesellschaft, so führt er aus, regele die Gesellschaft die allgemeine Produktion und mache es einem möglich, "heute dies, morgen jenes zu tun, morgens zu jagen, nachmittags zu fischen, abends Viehzucht zu treiben, nach dem Essen zu kritisieren, ohne je Jäger, Fischer oder Hirt oder Kritiker zu werden", wie man gerade Lust habe. An diese vielzitierte Stelle schloß sein Schwiegersohn an, der 1842 in Kuba geborene Paul Lafargue, verheiratet mit Marx' Tochter Laura. Lafargue veröffentlichte 1883, im Todesjahr von Karl Marx, die Schift "Le Droit à la paresse, réfutation du Droit de travail de 1848" (Das Recht auf Faulheit, Widerlegung des 'Rechts auf Arbeit' von 1848).

Dort fanden die utopischen Elemente des frühen Marxschen Denkens ihre Fortsetzung, gerichtet gegen die bürgerliche Arbeitsmoral, aber auch in Opposition zur späteren Vergötterung der Arbeit in kommunistischen Staaten. Dieses lange vergessene und auch heute nur sporadisch und wenn, dann als Satire wahrgenommene Buch hat 1974 der renommierte Kirchenhistoriker Ernst Benz zum Anlaß für eine Publikation genommen. Mit unverhohlener Sympathie und genüßlich zitiert Benz Lafargue, wenn dieser vom "Haß wider die Arbeit" berichtet oder von den "glücklichen Völkern, die noch zigarettenrauchend in der Sonne liegen".

DIETER HUBER: PRIVATE HANDICAPES. „TELE-VISION". 1993

Der, wie Benz es nennt, "pathologischen Arbeitswut" setzte Lafargue die Forderung nach einer maximalen dreistündigen Arbeitszeit pro Tag gegenüber, weit hinausgehend über heutige Forderungen der Gewerkschaften. Nicht genug damit, bedauert es der Kirchenhistoriker, daß noch kein Theologe versucht habe, aus dem Neuen Testament eine Theologie der Faulheit zu entwickeln. Als schlagenden Beweis zitiert er in Anschluß an Lafargue die Bergpredigt: "Darum sollt ihr nicht sorgen und sagen: 'Was werden wir essen? Was werden wir trinken? Womit werden wir uns kleiden?' Nach solchem allen trachten die Heiden. Denn euer himmlischer Vater weiß, daß ihr des alles bedürfet. Trachtet am ersten nach dem Reich Gottes und nach seiner Gerechtigkeit, so wird euch solches alles zufallen. Darum sorget nicht für den anderen Morgen, denn der morgende Tag wird für das Seine sorgen. Es ist genug, daß ein jeglicher Tag seine eigene Plage habe."

Marx hatte ein leicht zwiespältiges Verhältnis zu Lafargue. Dieser lernte seinen späteren Schwiegervater 1865 in London auf dem ersten internationalen sozialistischen Studentenkongreß kennen. Aufgrund der radikalen Ansichten, die er dort vortrug, wurde er von allen französischen Universitäten ausgeschlossen und beendete sein Medizinstudium in England. Im Hause Marx verkehrend, umwarb er dort die Tochter Laura, mit der er sich dann im August 1866 verlobte. Im März dieses Jahres schrieb Marx an Laura: "Dieser verdammte Schlingel Lafargue belästigt mich mit seinem Proudhonismus und wird wohl nicht eher ruhen, bis ich ihm einmal tüchtig etwas auf seinen Kreolenschädel gegeben habe." Heiraten kann der "Kreolenschädel" aber erst, wenn er sein Doktorexamen gemacht hat und einige andere Voraussetzungen erfüllt, wie aus einem Brief von Marx an Engels hervorgeht: "Ich habe aber noch gestern unserem Kreolen mitgeteilt, daß, wenn er sich nicht zu englischen Manieren down kalmieren kann, Laura ihn ohne Umstände an die Luft setzen wird. Dies muß er sich völlig klar machen, oder es wird nichts aus der Sache. Er ist ein kreuzguter Kerl, aber enfant gâté und zu sehr Naturkind."

Wie es bei dumpfer Polemik der Fall zu sein pflegt, werden Menschen mit unliebsamer Wirkung dadurch verunglimpft, daß man ihnen ihr Menschsein vorwirft, bei Politikern und amerikanischen Filmschauspielern eine beliebte Methode. Wenn die an den Trend der Zeit sich Hängenden Marx' Verhältnis zu seiner langjährigen Haushälterin Helene Demuth, aus dem ein Sohn hervorging, als Beweis seiner auch sonstigen Schlechtigkeit hernahmen, dann kann man auch fragen, warum sie seine Karbunkel, die im übrigen von Lafargue behandelt wurden, nicht in dieser Weise ausschlachteten.

Das utopische Element der Marxschen Denkansätze zählt nicht mehr zu einer Zeit, die sich nach Aussage neuerer Ideologen von der Utopie verabschiedet hat. Die Zeit der großen Erzählungen, so heißt es, sei vorbei. Die eine große Utopie, die marxistische bzw. die kommunistische, ist in ihrer versuchten Verwirklichung gescheitert, die Verwirklichung der anderen, der christlichen, hält sich — mit in letzter Zeit nachlassendem Erfolg — seit beinahe 2000 Jahren. Es zeigt sich, daß die metaphysische Begründung einer Ideologie wirksamer ist als die materialistische. Die crux besteht darin, daß eine Utopie zum Zeitpunkt ihrer 'Verwirklichung' aufhört zu existieren, geht man rein vom Wortsinne aus: der griechische Begriff meint den "ou-topos", den Nicht-Ort, das Nicht-Existente. Man könnte also schlußfolgern, daß die Institution Kirche mit der Lehre Christi ebensowenig zu tun hat wie der real existierende Sozialismus mit der Lehre von Marx. Als Ausgangspunkt des Christentums gilt das Neue Testament, als der des Marxismus die Schriften von Marx und Engels. Nun ist diese jeweilige Basis auch nur eine scheinbare. Im Falle des Marxismus meinte dazu Iring Fetscher: "Die Geistesgeschichte des Marxismus ist ein Teil der abendländischen Geistesgeschichte. Wie jeder Teil eines größeren historischen Ganzen kann auch dieser nicht ohne Gewalttätigkeit isoliert werden. Man könnte die Quellen Marxschen und marxistischen Denkens nach rückwärts bis zur antiken Philosophie und zur jüdisch-christlichen Theologie verfolgen und zugleich nach vorwärts bis zur Gegenwart, in der europäischer Marxismus mit außereuropäischen Weltreligionen und Kulturen sich vermischt." Ähnliches gilt mutatis mutandis auch für das

DIETER HUBER: KLIMA. „STALLFEUER III". SIENNA. 1993

Christentum. Arno Schmidt bemerkte dazu polemisch: "Solange man als die reinste Quelle 'Göttlicher Wahrheit', als heilige Norm der 'Vollendeten Moral', als Grundlage von Staatsreligionen ein Buch mit, milde gerechnet, 50 000 Textvarianten (also pro Druckseite durchschnittlich 30 strittige Stellen!) proklamiert; dessen Inhalt widerspruchsvoll und oft dunkel ist; selten auf das außerpalästinensische Leben bezogen; und dessen brauchbares Gute (schon vor ihm und zum Teil besser bekannt) auf unhaltbaren Gründen eines verdächtig-finsteren theosophischen Enthusiasmus beruht: solange verdienen wir die Regierungen und Zustände, die wir haben!"

II

Kommen wir noch einmal zurück auf das "Recht auf Faulheit", das, utopische Vorstellungen des jungen Marx aufgreifend, harsche Kritik am "Recht auf Arbeit" übt, einem Recht, das später zu einer sakrosankten Formel des Kommunismus geworden ist. Es wurde schon von Fetscher wie auch von Benz darauf hingewiesen, daß Lafargues Ansatz in einer ursprünglich romantischen antibürgerlichen Haltung wurzelt, bei Friedrich Schlegel, Oscar Wilde oder Charles Baudelaire. Letzterer schrieb in "Mon cœur mis à nu": "Was mich groß gemacht hat, war zum Teil der Müßiggang. Zu meinem großen Nachteil; denn ohne Vermögen vermehrt der Müßiggang die Schulden und die Schmählichkeiten, die das Schuldenmachen mit sich bringt. Zu meinem großen Vorteil jedoch, was die Reizbarkeit der Empfindung, die Meditation und die Begabung zum Dandy und Dilettanten betrifft. Die anderen Schriftsteller sind zum größten Teil sehr unwissende Lumpen und Streber." Was Baudelaire hier anspricht, könnte man parallel sehen zu Marx' Kritik an der entfremdeten Arbeit. Wenn man die Tätigkeit des Künstlers als prototypisches Beispiel nicht-entfremdeter Tätigkeit sieht, also von einer Autonomie der Kunst ausgeht, müßte das Marx eigentlich entgegengekommen sein. Dem ist aber nicht so. Wieder in der "Deutschen Ideologie" wendet Marx sich gegen Max Stirners Behauptung, daß beispielsweise Raffaels Arbeit niemand ersetzen könne: "Sancho [d.i. Stirner; I.K.] bildet sich ein, Raffael habe seine Gemälde unabhängig von der zu seiner Zeit in Rom bestehenden Teilung der Arbeit hervorgebracht. Wenn er Raffael mit Leonardo da Vinci und Tizian vergleicht, so kann er sehen, wie sehr die Kunstwerke des ersteren von der unter florentinischem Einfluß ausgebildeten damaligen Blüte Roms, die des zweiten von den Zuständen von Florenz und später die des dritten von der ganz verschiedenen Entwicklung Venedigs bedingt waren. Raffael, so gut wie jeder andere Künstler, war bedingt durch die technischen Fortschritte der Kunst, die vor ihm gemacht waren, durch die Organisation der Gesellschaft und die Teilung der Arbeit in seiner Lokalität und endlich durch die Teilung der Arbeit in allen Ländern, mit denen seine Lokalität in Verkehr stand. Ob ein Individuum wie Raffael sein Talent entwickelt, hängt ganz von der Nachfrage ab, die wieder von der Teilung der Arbeit und den daraus hervorgegangenen Bildungsverhältnissen der Menschen abhängt." An anderer Stelle heißt es dann noch, es gebe in einer kommunistischen Gesellschaft keine Maler, sondern höchstens Menschen, die unter anderem auch malen.

DIETER HUBER: RE-CYCLES. „SCHMELZ #7". 1994

Nach der Doktrin marxistisch-leninistischer Ästhetik ist die Kunst integriert in den historischen, materiellen, sozialen und kulturellen Prozeß der Produktion und Reproduktion des gesellschaftlichen Lebens. Gegen einen solchen 'mechanischen Materialismus' führte der Kunsthistoriker Max Raphael eine Stelle aus der Einleitung zur "Kritik der politischen Ökonomie" an, in der Marx die Frage stellt, warum die griechische Kunst einen "ewigen Reiz" und einen normativen Charakter besitze, obwohl ihre wirtschaftlichen Grundlagen längst überwunden seien. Raphael leitet von dieser Bemerkung eine Differenzierung der dogmatischen marxistisch-leninistischen Ästhetik ab, die in eine Methode mündet, die eine Alternative bildet zu reiner Stilgeschichte, Künstlergeschichte oder Ersatzreligion: "Die ökonomische Situation mit der geschichtlich jeweils konkreten materiellen Produktion und Reproduktion des Lebens wirkt notwendig, aber nicht automatisch auf das geistige Schaffen. Es gibt in diesem Abhängigkeitsverhältnis keinen vollkommenen Determinismus, weil die Menschen, wenn auch 'in einem gegebenen, sie bedingenden Milieu, auf Grundlage vorgefundener, tatsächlicher Verhältnisse' (Engels) ihre Geschichte selbst machen." Dabei unterscheidet Raphael in der wissenschaftlichen Kunstbetrachtung zwischen einer synthetischen und einer materialistisch-dialektischen Geschichtsauffassung. Erstere begreift er als reines Agglomerat, letztere als "einheitliche Wissenschaft der Geschichte", die "nur möglich ist auf Grund durch Begriffe konstituierter Wissenschaften aller Gebiete". Gemeint ist also, daß es einen Zusammenhang, sogar eine behauptete Homologie, gibt zwischen historischer gesellschaftlicher Entwicklung und dem individuellen künstlerischen Schaffensakt unter Berücksichtigung oder gerade trotz ihrer Unterschiede; daß die Methode der Betrachtung der verschiedenen zu berücksichtigenden, wie Raphael es nennt, "Bewußtseinsgebiete" gleich ist; und schließlich daß mit dieser Methode eine konkrete Analyse aller anstehenden Probleme möglich ist.

Was Raphael im Aufsatz "Prolegomena zu einer marxistischen Kunsttheorie" ausführt, hat er anhand der Werkinterpretation von Corots "Römischer Landschaft" in Kürze geäußert. Man müsse, so meint er, "der Methode der künstlerischen Gestaltung, die von einem Individuum vollzogen wird, die Methode (oder Methoden) der Geschichtsgestaltung" gegenüberstellen, "die von der ganzen Gesellschaft (als ein Begriff gegensätzlicher Klassen) vollzogen wird, und indem man den partiellen Zusammenhang zwischen beiden in Form und Inhalt des Kunstwerks nachweist". Aufschlußreich ist hier der einschränkende Zusatz "partiell", der verdeutlicht, was Marx selbst mit seiner Bemerkung über die griechische Kunst andeutete, und was auch durch überbrückende Hilfskonstruktionen nicht auszumerzen ist, nämlich den letztendlichen Rätselcharakter von Kunst. Adornos Diktum spricht hier eine deutliche Sprache: "Kunstwerke, die der Betrachtung und dem Gedanken ohne Rest aufgehen, sind keine." Das impliziert auch, daß eine wie auch immer geartete Indienstnahme von Kunst scheitern muß, sei es auf Kosten der indienstnehmenden Institution (selten) oder sei es auf Kosten der Kunst (meistens). Ob es sich hierbei um ein demokratisches oder ein diktatorisches System handelt, spielt überhaupt keine Rolle.

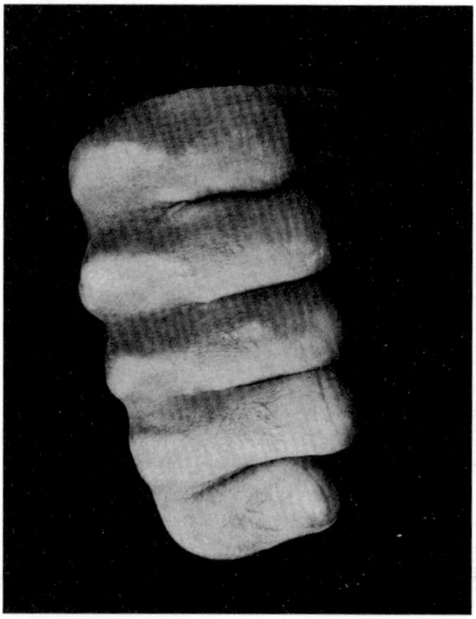

DIETER HUBER: „KLONE #2". 1995

Ein Kernpunkt bei der Betrachtung von Kunst — und zwar sowohl alter wie auch neuer Kunst — ist die Empirie, gemäß dem zwar überstrapazierten, aber nicht gänzlich von der Hand zu weisenden Satz von Marx, daß nicht das Bewußtsein das Leben, sondern das Leben das Bewußtsein bestimme. Während die gängige Kunstkritik in vielen Fällen sich in religiös-idealisierenden Phrasen ergeht, ist es höchste Zeit, wieder an Tugenden zu erinnern, die allgemein Marx formuliert und an die speziell für die Kunstwissenschaft Aby Warburg in gewisser Weise angeknüpft hat: "Das enthusiastische Staunen vor dem unbegreiflichen Ereignis künstlerischer Genialität kann nur an Gefühlsstärke zunehmen, wenn wir erkennen, dass das Genie Gnade ist und zugleich bewußte Auseinandersetzungsenergie. Der neue grosse Stil, den uns das künstlerische Genie Italiens beschert hat, wurzelte in dem sozialen Willen zur Entschälung griechischer Humanität aus mittelalterlicher, orientalisch-lateinischer 'Praktik'." Entscheidend ist wiederum das Verhältnis zwischen individueller künstlerischer Betätigung, der Ideen- und Geistesgeschichte und den das Künstlerindividuum umgebenden materiellen Bedingungen.

## III

Karl Marx ist, nicht zuletzt durch Kampagnen wie die anfangs erwähnte, endgültig zur persona non grata geworden. Marx, Lenin, Stalin und alle möglichen Diktatoren, die sich auf Marx beriefen und, vereinzelt, noch berufen, werden in einen Topf geworfen. Die Zahl derer, die sich an philosophischen Seminaren der Universitäten mit Marx beschäftigen, sinkt ständig. Dagegen ist es ein Allgemeinplatz, daß Marx zwar einer der meist zitierten — und sei es nur der Schlußsatz aus dem Kommunistischen Manifest — aber am wenigsten gelesenen Autoren ist. Wer heute noch mit Marx daherkommt, wird allenfalls belächelt. Eine 'Ästhetik' von Marx existiert nicht, etwas ähnliches wurde versuchsweise von sowjetischen Kunstwissenschaftlern aus verstreuten Zitaten zusammengestellt, erwähnt sei nur Michail Lifschitz' Anthologie mit dem Titel "Marx und Engels über die Kunst". Wichtig ist — ähnlich wie bei Freud — in diesem Falle die Methode, nicht die konkrete Untersuchung. Wer den Komplex Marx und Kunst unter dem Stichwort "Sozialistischer Realismus" abtut, liegt falsch. Dieser, das nebenbei, wurde vorbereitet in der Resolution "Über die Politik der Partei auf dem Gebiet der belletristischen Literatur" des Zentralkomittees der sowjetischen Kommunistischen Partei aus dem Jahr 1925 und als offizielle Kunst dekretiert 1934 auf dem ersten Kongreß der Sowjetschriftsteller in Moskau.

Daß eine Veränderung der Welt durch Kunst oder durch Philosophie nicht möglich ist, das hat Marx in der elften seiner "Thesen über Feuerbach" schon impliziert. In den späten 20er und frühen 30er Jahren dieses Jahrhunderts war die Diskussion im Schwange, den Künstler in der revolutionären Aktion aufgehen zu lassen, und zwar auf Kosten der Kunst: "In Wahrheit handelt es sich viel weniger darum, den Künstler bürgerlicher Abkunft zum Meister der 'Proletarischen Kunst' zu machen, als ihn, und sei es auf Kosten seines künstlerischen Wirkens, an wichtigen Orten dieses Bildraums in Funktion zu setzen. Ja, sollte nicht vielleicht die Unterbrechung seiner 'Künstlerlaufbahn' ein wesentlicher Teil dieser Funktion sein?" — soweit Walter Benjamin 1929.

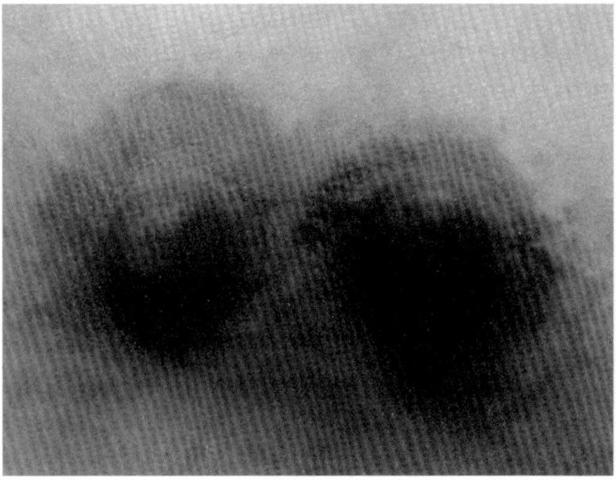

DIETER HUBER: „KLONE #7", 1995

Erneut flammte die Debatte um Autonomie oder Aufhebung der Autonomie der Kunst in den 60er und 70er Jahren auf. Lange Zeit wurde danach der Satz Adornos diskutiert, Kunst werde zum Gesellschaftlichen durch ihre Gegenposition zur Gesellschaft, und jene Position beziehe sie erst als autonome. Die dann ausgerufene Postmoderne propagierte mit Achille Bonito Oliva und dem deutschen Apostel der Postmoderne, Wolfgang Welsch, der Künstler wolle nicht mehr der ästhetische

Handlanger oder Propagandist einer gesellschaftlichen Utopie sein. Die Philosophie der Postmoderne, die sich hierzulande, in schon von Marx gegeißelter deutscher Art, größtenteils auf polemische Apologetik beschränkte, nannte sich nach dem Franzosen Lyotard "affirmativ" und fand infolgedessen höchste Akzeptanz. Zur Zeit herrscht relative Stille, mehr als affirmativ kann man sich nur in Überanpassung verhalten, und die schlägt leicht ins Gegenteil um, ist also potentiell gefährlich. Wir sind jetzt wieder an dem Punkt angelangt, der am Beispiel der Arbeit zu Beginn dieser Ausführungen erwähnt wurde.

Hier setzt Dieter Huber an. Gegen die dümmliche Technik des Propagandaplakats setzt er subtilere Strategien. Als Ausgangsmaterial benutzt er fotografische Aufnahmen von Karl Marx und Begriffe, die sowohl in Werk und Leben von Marx als auch für Huber selbst im Zusammenhang mit Marx eine Rolle spielen. Huber operiert mit Bild und Schrift oder, anders ausgedrückt, mit Anschauung und Begriff. Auch ihm geht es, um Warburg zu paraphrasieren, um die Entschälung einer Humanität aus gegenwärtiger Praxis, nur daß ein sozialer Wille dazu zur Zeit nicht in Sicht ist. Begriff und Bild sind nicht homolog, nicht tautologisch, nicht affirmativ. Sie weisen assoziative Bezüge zueinander auf. Jedoch ist Huber weit davon entfernt, seine Arbeiten ausschließlich der freischwebenden Assoziation des Betrachters zu überlassen oder reinen künstlerischen Subjektivismus darzubieten, der dann freigegeben wird zur Anbetung durch Kunstjünger. Inhalte und Begriffe werden reflektiert, die zwar zu Phrasen verkommen sind, deren eigentliche Bedeutung aber noch nicht verschüttet ist. Max Raphael schrieb zu Beginn der 40er Jahre: "Für Marx war die Mythologie ein Volksprodukt, für die Künstler und Ästhetiker des 20. Jahrhunderts lag der Reiz gerade in der persönlichen Umformung des Inhalts, so daß schließlich der unsinnige Begriff einer privaten Mythologie wahre Triumphe feierte." — Man erinnere sich an Harald Szeemanns "Individuelle Mythologien" 1972 auf der documenta 5. Huber hat die Fotografien von Karl Marx fragmentiert und verfremdet, manchmal bis zur Unkenntlichkeit. Die Begriffe sind den Bildern eingeschrieben, auch sie sind teils gut, teils weniger gut lesbar. Ihre Verbindung mit dem Bildgrund gehen sie oft dadurch ein, daß die Struktur des Grundes sich im Schriftbild fortsetzt. Die Begriffe sind jeweils farblich vom Fond abgesetzt. Die Schriftarten variieren und erzeugen bestimmte Konnotationen zu jedem Begriff. Diese wechseln, d. h. sie können dem Begriff entsprechend sein, ihm entgegengesetzt sein oder sich außerhalb seines Bedeutungsfeldes bewegen. So ist beispielsweise der Begriff "Individuum" in einer entindividualisierten, serifenlosen Schrift auf ein nicht zu entschlüsselndes graphisches Detail gesetzt, und zwar ohne daß der Bildgrund im Schriftbild durchschlüge.

DIETER HUBER: MAKE UP. „EUPIDAUROS". 1995

Huber kombiniert traditionelle Techniken und Methoden mit modernsten Produktionsmitteln. Die als Basismaterial verwendete Fotografie wird mittels eines Rechners digitalisiert und verfremdet. Ein Schlüsselbegriff ist der der "Reproduktion": Vielfach, vor allem durch den enormen Industrialisierungs- und Technisierungsschub im 19. Jahrhundert führt der Weg von der einfachen Produktion zur Reproduktion. Davon ist die Bildherstellung nicht ausgenommen. Es ist kein Zufall, daß die Erfindung des Massenmediums Fotografie in die Zeit der industriellen Revolution fiel, in die Zeit der Ausbildung des kapitalistischen Wirtschaftssystems, in die Zeit der Entwicklung der Naturwissenschaften und schließlich in die Zeit der Herausbildung moderner Staatsgebilde in der Nachfolge der Französischen Revolution. Die Reproduktion von Bildern setzt zwar schon mit der Entwicklung druckgraphischer Techniken ein, erreicht aber mit der Erfindung der Fotografie einen Höhepunkt. Die Fotografie, die dem Begriff "Reproduktion" unterlegt ist, zeigt einen Ausschnitt aus einem Bildnis von Marx während seiner Zeit als Chefredakteur der "Neuen Rheinischen Zeitung" in den Jahren 1848/49. Die Fotografie war damals gerade zehn Jahre alt, im Revolutionsjahr 1848 wurde das "Manifest der Kommunistischen Partei" veröffenlicht. Mehrere Ebenen von "Reproduktion" sind hier übereinandergelagert und durchdringen sich auf vielfältige Weise: das Reproduktionsmedium Fotografie, das der Zeitung — Marx also reproduziert in Bild und Wort —, die Reproduktion Hubers in seiner Arbeit und der Begriff der Reproduktion selbst. Im Buch ist dann wiederum die Reproduktion dieser vielfältigen Reproduktion zu sehen.

Der gewählte Ausschnitt zeigt den Teil eines Stuhles, auf dessen Lehne Marx seine Hände gelegt hat, weniger sich stützt, und seinen Hut, der auf der Sitzfläche liegt, gewissermaßen die materiellen Zutaten und Accessoires einer bürgerlichen Atelierfotografie: Reproduktion als Zubehör. "Die Bourgeoisie reißt durch die rasche Verbesserung aller Produktionsinstrumente, durch die unendlich erleichterten Kommunikationen alle, auch die barbarischsten Nationen in die Zivilisation... Sie zwingt alle Nationen, die Produktionsweise der Bourgeoisie sich anzueignen, wenn sie nicht zugrunde gehen wollen; sie zwingt sie, die sogenannte Zivilisation bei sich selbst einzuführen, d.h. Bourgeois zu werden. Mit einem Wort, sie schafft sich eine Welt nach ihrem eigenen Bilde." So steht es im "Manifest der Kommunistischen Partei".

Ausschnitt oder Close-up sind oft angewandte Techniken der Werbung bzw. der Propaganda, meist in Verbindung mit

Schrift. Ein solches Verfahren hat einen Ursprung in der Emblematik, genauer gesagt in einer Abart des Emblems, in der Devise. Ein Emblem besteht aus drei Teilen, dem Motto (Lemma), dem Bild (Icon) und dem erklärenden Epigramm. Lemma und Icon bilden ein Rätsel, dessen Lösung durch das Epigramm ermöglicht wird. In der Devise steht oft der Text im Bild, das Epigramm fehlt, weil der Sinn auch ohne es erschlossen werden kann. Pierre J. Vinken hat schon in den späten 50er Jahren den Zusammenhang zwischen Emblematik und Werbung erkannt. Zur ursprünglichen Funktion der Devise schrieb er: "Die Devise wurde gepriesen, weil sie klein war und doch inhaltsreich, tiefsinnige Gedanken in eleganter Form in sich barg und durch ihre Schlichtheit und Geschlossenheit alle anderen intellektuellen Produkte bei weitem übertraf." Das trifft auf Werbung nur bedingt zu, da diese im Dienste des Produkts plakativ und auf Anhieb verständlich zu sein hat. Dagegen stehen die Arbeiten Hubers in ihrer Reduziertheit, der Konzentriertheit des Gedankens und der Form in dieser Tradition. Es sei ergänzend noch bemerkt, daß die Arbeiterorganisationen des 19. Jahrhunderts häufig Devisen auf ihren Fahnen trugen.

DIETER HUBER: „DREAMSCAPE 3". 1995

War die Fotografie zu Marx' Zeit das fortschrittlichste Produktions- und Reproduktionsmittel für Bilder, so ist es heute der digitale Rechner, der Computer. Es ist also folgerichtig, daß Huber in Analogie sich dieses Hilfsmittels bedient, um seine Zwecke auf der technischen Höhe seiner Zeit dementsprechend zu realisieren.

# Rheinische Zeitung

für

## Politik, Handel und Gewerbe.

Köln, Freitag den 31. März 18


## Abschied.

Die Stunde schlägt, und Abschied sei genommen.
Es stößt das Schiff, das uns geführt, an's Land!
[illegible] Wir sind da angekommen,
Wo wir einst abgestoßen von dem Strand.

Und uns're Fahrt? Sie war Entdeckungsreise
Nach einem lang ersehnten, großen Ziel.
Bald gluth-versengt und bald umstarrt von Eise
Schnitt unverdrossen seine Bahn der Kiel.

Wir ließen kühn der Freiheit Flagge wehen,
Und ernst that jeder Schiffsmann seine Pflicht.
War d'rum vergebens auch der Mannschaft Spähen:
Die Fahrt war schön und sie gereut uns nicht.

Daß uns der Götter Zorn hat nachgetrachtet:
Es schreckt uns nicht, daß unser Mast gefällt.
Denn auch Kolumbus ward zuerst verachtet,
Und endlich sah er doch die neue Welt.

Ihr Freunde, deren Beifall uns geworden,
Ihr Gegner, die ihr uns mit Kampf geehrt:
Wir seh'n uns wieder einst an neuen Borden,
Wenn Alles bricht, der Muth bleibt unversehrt!

---

### Am letzten Tage des Erscheinens der „Rheinischen Zeitung."

* Mit der heutigen Nummer hat die Rheinische Zeitung ihre Laufbahn beendet. — Der Lebende hat Recht, sagt das Sprichwort, und also der Todte Unrecht. — Jawohl, der Todte hat immer Unrecht in der Zeit, aus der er schied, entweder er war abgenutzt und also seine bloße Existenz ein Unrecht, oder er hat gesündigt gegen den Geist derselben. — Jawohl, hört Alle unser Bekenntniß, die Rheinische Zeitung hat gesündigt gegen den Geist der Zeit, und deshalb muß sie zu den Todten gehen; aber zu den Todten, deren Unrecht das Recht einer glorreichen Zukunft ist. — Das Unrecht, die falsche Basis der Rheinischen Zeitung war die Begeisterung für das junge Licht, welches nach langem Dunkel die Gipfel der deutschen Berge zu röthen begann — aber es war nur ein prophetisches Leuchten, nicht die Morgenröthe des neuen Tages für Deutschland; es war unklug und unrecht, die Wärme, die nur der Rausch der Ueberraschung erzeugt hatte, für den lebendigen Hauch des Frühlings zu halten. — Ja, ihr Lebenden in Augsburg, Berlin und Köln habt Recht, ihr rechnetet klug, noch habt ihr Recht, aber bald wird der Tag eures Unrechtes anbrechen. — Die Rheinische Zeitung hat ihre haltlose Basis nie verkannt, sie wußte, daß ihre Existenz auf einer Freiheit beruhte, die geschenkt war und ihrem Wesen nach doch nie geschenkt werden konnte; getäuscht hat sie sich nur in einem Punkte, indem sie nämlich glaubte, es werde das deutsche Volk, sobald man ihm gezeigt, wie dies Geschenk nur einen Theil seines unwiderruflichsten Eigenthums ausmache, sich mit allen Kräften, mit allen Fasern seiner Seele daran festklammern und es als sein Heiligstes wahren. Dies war eine Täuschung, und die Rheinische Zeitung muß zu Grunde gehen, weil sie das Produkt einer falschen Prämisse war. Es sind Zeiten, in denen wir mit einem der Dichter unseres Feuilletons ausrufen können:

Wer möchte nicht bei braven Todten sein!

Für ein einzelnes Individuum wäre ein solcher Ausspruch eine Anmaßung, denn nie kann man dergestalt gegen den Geist der Zeit sich verpallissadiren, daß es dem Einzelnen nicht gelänge, ihn noch hereinzubringen; eine Zeitung aber von festem Prinzip, von geschlossener Anschauungsweise, getragen von der Gesammtkraft einer einigen Partei ist ein zu massenhaftes Individuum, als daß es sich verbergen könnte.

„Nur langsam und nach und nach siegt ein gutes Prinzip, wenn es noch nicht geherrscht hat", sagt Hr. Hansemann in seinem Bericht vom 18. dieses an den Administrationsrath der Rheinischen Eisenbahn, und das sagt er von einem Prinzip, welches sich mit Zahlen belegen und darstellen läßt, und wir sollen verzweifeln an unserm Prinzip, welches nicht in Zahlen, sondern nur aus der Tiefe der menschlichen Natur und aus der Vernunft der Geschichte zu begreifen ist?

Die Todten haben Unrecht, aber sie behalten nicht immer Unrecht; ein Prinzip verlangt seine Opfer, die ihr zeitliches Unrecht durch das künftige Recht desselben sühnen.

Aber man hat uns auch ein Unrecht am Prinzipe selbst vorgeworfen, man hat gesagt, wir hätten durch unsere Maßlosigkeit der Sache der Freiheit und insbesondere der Preßfreiheit geschadet. — Worin waren wir maßlos? Im Sagen der Wahrheit? Nun wohlan, wer hierin nicht maßlos ist, der ist ein falscher Freund, dem man mit Recht mißtraut. — Wer würde wagen, den Lehrsatz aufzustellen: Halte Maß in der Wahrheit! Und doch thut ihr es, und doch habt ihr die Sache der Freiheit selbst verläugnet, indem ihr andere Schranken noch anerkanntet, ja, euch selbst schufet, als diejenigen, welche das Gesetz überall stellen muß. — Ja, euch stand die neue Freiheit an wie der Flitterstaat des Schauspielers, der nicht sein Eigenthum ist und den er je nach der Rolle wechselt. Ihr waret schlaue Rechenmeister und glaubtet durch Verjährung und thatlos erwerben zu können, was sich nur offen und ehrlich erringen läßt, und darum half euch eure List nichts. — Und doch hatten die Lebenden Recht, denn sie machten von einer Freiheit keinen Gebrauch, die den Tod auf den Wangen trug; wir hatten freilich Unrecht, die Todgeweihte zu umfangen, da sie uns mit in's Grab hinabreißen mußte, aber wir sind stolz auf unser Unrecht! —

---

### Deutschland.

† Köln, 30. März. Um noch einmal auf unsere spezielle Freundin, die edle, gewissenhafte und ehrliche literarische Zeitung zu kommen, so dachten wir, ihre eigentliche Aufgabe, nämlich die der Berichtigungen, habe jetzt aufgehört. — Sie hat ja ihren Zweck erreicht, die Zeitungen sind ja still und friedlich geworden, die Ruhestörer sind beseitigt, was geberdet sie sich denn immer noch so grimmig und hört nicht auf, in's Feuerhorn zu stoßen und ihren Nothruf erschallen zu lassen? — Sind es vielleicht, nachdem die Zeitungen purificirt worden, die Broschüren, in denen die schlechte Presse jetzt hervortritt, welche sie so beängstigen? O nein, dazu ist sie ihrer Sache zu sicher, sie liest und lernt nichts; das alte Geschrei „steiniget" hat seine Dienste gethan, es wird auch ferner ausreichen. Sich auf Gründe einzulassen, auf Beweis, ist schon eine Konzession, und wie das Sprichwort sagt, gibt man dem Teufel erst den kleinen Finger, so hat er bald die ganze Hand. Darum ist sie karg mit Gründen, wie weiland Hans Fallstaff, denn die Schlaue weiß es ja wohl, die guten Gründe sind eben die Hauptstärke ihrer Gegner. — Es ist also ganz in der Ordnung, daß die „literarische Zeitung", wenn sie in ihrer Nummer vom 14. März das Verbot der drei deutschen Tagesblätter bespricht, die gediegenen Rechtfertigungen von Ruge und Julius keines Blickes würdigt und ihrer Widerlegung, wie mancher ehrliche Mann denken mochte, keine Sylbe widmet.

„Die Parteirichtung, welche in jenen Blättern bisher vertreten ist, spricht es selbst offen aus, daß sie die Zerstörung aller thatsächlichen Grundlagen der Volkszustände, in Religion, Politik und socialer Ordnung, als ihr eigentliches Ziel bezweckt." — Brav so; wir haben es selbst gestanden, hört ihr! Die Zerstörung der thatsächlichen Grundlagen der Volkszustände! — Ja wohl, jetzt fährt mir's wie ein Blitz durch das Gemüth, und ich fühle, mein Tag von Damaskus naht heran: Die thatsächlichste Grundlage aller Volkszustände ist das Volk selbst, und hat Ruge nicht von Absorbirung des Pöbels gesprochen? Freilich, durch Erziehung wollte er ihn absorbiren, aber das bleibt immerhin eine Zerstörung eines thatsächlichen, ja sogar historisch begründeten Volkszustandes. — O wie Mancher wandelt an Abgründen und merkt es nicht, wie Mancher zweifelt an dem Bestehenden und bedenkt nicht, daß sogar der begründete Zweifel am Bestehen der literarischen Zeitung zu Schanden ward.

„Denn alles, was besteht,
Ist werth, daß es zu Grunde geht,"

sagt Mephistopheles, und deshalb liebt das Bestehende, und wenn euer Baumeister euch versichert, die Tragbalken eures Hauses seien faul (auch Schreiber dieses ist Grundbesitzer, und also der Achtung der „literarischen Zeitung" schon näher gerückt) und müßten durch andere ersetzt werden, so werft ihn dem Prinzip zu Lieb' vor die Thür, denn das Liegen eines Balkens ist gewiß ein so thatsächlicher Zustand wie einer.

Soll die literarische Zeitung nun ihren Ausspruch über die Zeitungen noch belegen, da sie ja gestanden haben? — Aber sie ist gütig und wohlwollend, sie fügt daher für jede der Zeitungen noch die prägnanteste Stelle aus den amtlich gegen selben erschienenen Erlassen dazu — mit folgendem Postscrip „Unter den Preßvergehen der Leipziger Allgemeinen Zeitung wir der Aufnahme jenes, durch die Verleugnung menschl zugleich deutscher Empfindungsweise, wie durch Frechheit Unverstand berüchtigt gewordenen Briefes nicht gedacht, wei Verfasser desselben in Preußen die Gefühle zu sehr verletzt als daß man seines Namens noch gedenken möchte. — Me liche, zugleich deutsche Empfindungsweise! Hebt liter. Ztg. das Zusammentreffen dieser beiden Empfindungsw besonders hervor, so müssen sie wohl auch häufig sich gegen stehen. — Wir dachten bisher, es sei menschlich und deutsch, Dichter, dessen herrliche Gesänge so vieler Herzen erweitert erwärmt hatten, mit freudiger Begeisterung zu empfan hielten es aber weder für menschlich, noch für deutsch, ihn nachher mit Schmähungen und Verläumdungen zu überhäufen Die „Literarische" wird uns wahrscheinlich belehren, daß es nicht menschlich, aber deutsch sei. Ebenso wird die literarische uns zugeben müssen, daß es menschlicher Empfindungsweise sc straks zuwider sei, über Waffenlose herzufallen, sie wird uns w scheinlich belehren, daß dies deutscher Empfindungsweise angem sei. Wahrlich wir würden es nicht wagen, so freventliche U scheidungen zu machen, wenn wir uns nicht auf die impos Autorität der literarischen Zeitung berufen könnten. Doch la wir den unnennbar gewordenen Dichter, „der die Gefühle zu verletzt hat, als daß man seines Namens noch gedenken möc und anstatt seiner Feuerlieder laßt uns singen:

„Im Schatten kühler Denkungsart ꝛc."

Die „Literarische" schreitet weiter und fragt sich zuerst, „we rechtliche Stellung nimmt ein Staat ein gegen eine ihm feindl alle seine Verhältnisse und Voraussetzungen, so weit es durch Presse geschehen kann, auflösende und zerstörende Partei". Ob drei unterdrückten Blätter eine solche Partei bildeten, ist natü keine Frage. Sie führt uns sodann die Preßgesetzgebung Frankreich und England vor, und kommt zu dem Resultate: England und Frankreich veranlassen also staatsverderbliche und fährliche Tendenzen dieser Art kräftige Repressionsmaßregeln, bei uns, wenngleich die Namen verschieden sind." Bei aller wunderung vor der „Literarischen" müssen wir ihr doch bemer daß sie sich hier viel unnütze Mühe gegeben hat; konnte sie nicht ein so sagen: Verbrechen werden überall bestraft, sogar in dem menschlicher, wohl aber deutscher Empfindungsweise so entfernt genden Frankreich und England, nun findet sich zwar der kl Unterschied, daß in Deutschland über Verbrechen der Presse Verwaltung, die Censurbehörde im Voraus entscheidet, ehe begangen worden, in Frankreich und England wie immer das Gericht? Doch hier sind nach der „Literarisch nur „die Namen verschieden". O namenlose Verblendu Um einen Namensunterschied so viel Anstrengungen und Käm Um einen Namensunterschied die Julirevolution!

Siegreich widerlegt die „Literarische" nun auch noch letzten Zweifel, welche bei einem wohlwollenden, billig kenden Manne aufsteigen könnten: „Durch die Frei geistiger Bewegung wird die Gesundheit des geistigen Lebens dingt ..... aber ..... wo gar keine gemeinschaftliche Grund besteht, in politischen Dingen also kein Staat, ist ein geist Kampf, eine Opposition, wie wir es nennen, unmöglich." „W eine Partie diese Grundlage bestreitet, den Staat zerstören artet der Kampf aus in Verbrechen oder wilden Streit." Jaw wir wollten einen Krieg Aller gegen Alle, als wir gegen die fe liche Abschließung gegen Frankreich schrieben, ja, wir wollten störung alles Gesetzes, als wir gegen die Aufhebung des Sta grundgesetzes in Hannover und für ein Preßgesetz uns erhoben, wir wollten eine Auflösung alles gesellschaftlichen Zustandes, wir von Gleichheit der Stände im Staat, von Erziehung des bels sprachen, ja, wir wollten den Staat selbst in die Luft spr gen, als wir die Betheiligung aller seiner Bürger an demsel verlangten.

Zweifelt noch Einer an unserer bösartigen Natur, so höre wie die „Literarische" uns chemisch analysirt; „Radikalismus

# CHRONIK EINES ANGEKÜNDIGTEN TODES ODER WIE DIE HEBAMME LETZTLICH ZU SPÄT KAM.

Joscha Schmierer

"Ich bin noch immer ‚verliebt' in Marx und Engels und kann keinerlei Schmähungen ruhig gegen sie hinnehmen. Nein, das sind wirkliche Menschen! Von ihnen muß man lernen."

Lenin an I.F. Armand, 30.1.1917

"Wer garantiert uns, daß es bei der Kanonbildung mit rechten Dingen zugeht, daß nicht nur das als klassisch gilt, was bestimmte Leute jeweils ‚klassisch' nennen. Das Werk von Marx etwa hat erst spät klassische Geltung erworben - und schnell wieder verloren, nachdem dieser Name parteilich vereinnahmt und mit unglaubwürdigen Klassikern wie Engels und Lenin oder gar Stalin in einem Atemzug genannt worden war."

Jürgen Habermas 1994

"Diejenigen seiner Kollegen in der Questura, dem Polizeipräsidium von Perugia, die seine politischen Überzeugungen nicht teilten, nannten Commissario Sergio Zanetti Stalin. Das war insofern unfair, als Zanetti wahrscheinlich aufrichtiger an den Kommunismus glaubte, als der russische Diktator es je getan hatte."

Timothy Holme, Morde in Assisi, 1985

"Die kapitalistischen Gesellschaften können erleichtert aufseufzen, solange sie wollen, und sich sagen: Seit dem Zusammenbruch der totalitären Regime des 20. Jahrhunderts ist der Kommunismus tot, und er ist nicht nur tot, sondern er hat nicht stattgefunden, er war nur ein Phantom. Sie werden damit immer nur eines verleugnen, das Unleugbare selbst: Ein Phantom stirbt niemals, sein Kommen und Wiederkommen ist das, was immer (noch) aussteht."

Jacques Derrida 1993/95

Als Mann des 19. Jahrhunderts war Marx schon oft totgesagt worden. Aber diese Grabreden klangen nach Bannflüchen gegen ein immer noch drohendes Gespenst, solange eine Supermacht von sich behauptete, sie würde die Lehren des Verstorbenen lebendig verkörpern. Erst seit die Sowjetunion zusammengebrochen ist, scheint der Sargdeckel geschlossen zu sein.

Aber so wenig die Existenz und Geschichte der Sowjetunion als Beweis für die Richtigkeit und Schöpferkraft von Marxens Werk dienen konnte, so wenig kann ihr Zusammenbruch jetzt beweisen, daß seine Kritik der politischen Ökonomie widerlegt und überholt ist. Die Melancholie aus vertagten und gescheiterten Revolutionen könnte mit dem Gefühl der unüberwindlichen Abhängigkeit von einer in die Sachen geschlüpften Kapitallogik wachsen. Daß der Analytiker Marx gegen den Revolutionär recht behielt, mag selbst manchem Marxtöter noch sauer aufstoßen.

Barbara Sichtermann hat in ihrer Einleitung zu einem Marx-Lesebuch (Berlin 1990), das Gedankenexperiment skizziert, seine Schriften seien erst nach 1989 von einem amerikanischen Wissenschaftler entdeckt und ediert worden. In diesem Gedankenexperiment wird von Marxens Wirkungsgeschichte abstrahiert, um besser zu erkennen, was er über jetzige Entwicklungen einem heutigen Leser sagen könnte. Dies Gedankenexperiment ist interessant, auch wenn es Barbara Sichtermann nur andeutungsweise durchspielt. Denn 1989 hat sich mit der sanft-samtenen Revolution der sozialrevolutionäre proletarisch-messianische Impuls, der auf Wiederaneignung der Produktionsmittel und unmittelbare Vergesellschaftung der Produktion zielte, der bei Marx immer zu spüren ist, der Lenin und Mao antrieb und in der "68er-Bewegung" nocheinmal weltweit zu pochen schien, zumindest vorläufig erschöpft. Er ist gebrochen. 1789 hat sich als Fortschritt gegenüber 1917 erwiesen. So interessiert jenen amerikanischen Entdecker in Barbara Sichtermanns Gedankenexperiment denn auch weniger die Revolutionsvorstellung von Marx als seine Analyse der kapitalistischen Produktionsweise, seine Anatomie der bürgerlichen Gesellschaft.

Wenn Marxens Revolutionsvorstellungen erledigt scheinen, seine Analyse der kapitalistischen Produktionsweise aber noch Kredit beanspruchen kann, wenn niemand mehr in Marx als Revolutionär verliebt ist, er aber als Aufklärer immer noch bewundert wird, was heißt das dann? Getrennt von jeder plausiblen Revolutionserwartung erweist sich in der Analyse des Kapitalverhältnisses umso stärker dessen apokalyptische Dimension. Sie zu erkennen, ohne auf die proletarische Weltrevolution setzen zu können, ist die eigentliche Herausforderung des Marxschen Erbes. Man kann auf sie wie Rudolf Bahro antworten und das Gattungswesen selbst revolutionieren wollen. Oder man müßte in der bürgerlichen Gesellschaft selber Fähigkeiten finden und entwickeln, die die zerstörerischen Tendenzen der kapitalistischen Produktionsweise, die doch ihre Basis bleibt, zu zügeln.

Daß sich im Werk von Karl Marx mehrere Sprechweisen überlagern und überschneiden und mehrere Lektüren möglich sind, ist inzwischen ein Allgemeinplatz. Wie aber verknüpft sich die politisch-revolutionäre Sprechweise mit der analytischen der Kritik der politischen Ökonomie?

Wie andere auch setzten Karl Marx nicht wissenschaftliche Analysen, sondern die Zeitumstände, der Zeitgeist und die Ereignisse unter revolutionäre Spannung. Die französische Revolution als epochales Ereignis wirkte noch direkt in seine Jugend hinein. Ihre Wirkungen wurden nicht zuletzt durch die Bemühungen, sie mit allen Mitteln zu unterdrücken, am Leben erhalten. 1830 erinnerten die revolutionären Unruhen in Paris daran, daß der "alte Maulwurf" weiter wühlte, im Vormärz machte sich sein Treiben überall bemerkbar. Europa bewegte sich im Zeichen einer im doppelten Sinne unvollendeten Revolution. Demokratie und Menschenrechte waren nicht nur nicht verwirklicht, sondern hatten einen schweren Rückschlag erlitten. Zugleich hatte die französische Revolution ahnen lassen, daß die Proklamation gleicher Rechte nicht das letzte Wort sein konnte, war durch die Gleichheit vor dem Gesetz die soziale Ungleichheit doch um so sichtbarer geworden. Die soziale Revolution, die Befreiung der Arbeit, schien durch die bürgerliche Revolution selbst auf die Tagesordnung gesetzt.

Die Ideen der sozialen Revolution wie des Klassenkampfes lagen in den 40er und frühen 50er Jahren des 19. Jahrhunderts so stark in der Luft, daß Marx sich eher gezwungen sah, vor revolutionären Illusionen zu warnen als die Aktualität dieser Ideen zu begründen. Marx sah seine Aufgabe lediglich darin, den Inhalt der sozialen Revolution und die Bedingungen ihrer Möglichkeit zu klären. An diese Aufgabe machte er sich in der Kritik der politischen Ökonomie. Das Proletariat hatte nichts zu verlieren als seine Ketten. Um zu zeigen, daß es in der Lage war, diese definitiv zu sprengen, mußte bewiesen werden, daß niemand anderes als das Proletariat selber sie geschmiedet hatte und immer neu durch seine eigene Arbeit schmiedete.

Woran sich die sozialen Bewegungen realiter entzündeten, waren das Geld, das den Handwerkern und Bauern fehlte, die Zinsen, die sie drückten, wenn sie Schulden machten, Pacht und Mieten für das Land, die Werkstatt und das Dach über dem Kopf, die Steuern, mit denen sie der Staat belegte, wenn sie doch einmal zu Geld kamen. All dies schienen künstlich und mit Gewalt von außen den an sich ganz einfachen gesellschaftlichen Produktionsverhältnissen aufgezwungene Schikanen zu sein. Das Geld fehlte, weil die Preise der eigenen Waren sanken, während die Preise der Waren, die man benötigte, stiegen. Schuld waren die Händler. Weil das so war, mußte man Geld leihen und exorbitante Zinsen zahlen. Schuld waren die Wucherer. Pacht und Mieten stiegen, weil das Bodenmonopol und die Wohnungsknappheit schamlos ausgenutzt wurden. Schuld waren die Grundbesitzer. Das bißchen Geld aber, das einem vielleicht dennoch blieb, holte der Staat. Schuld waren die Steuereintreiber. Sie alle brauchten nur beseitigt zu werden, um die arbeitende Bevölkerung - und das waren zunächst die Bauern und die Handwerker - von willkürlicher Ausbeutung zu befreien. So lautete das populäre Vorurteil aller sozialrevolutionären Bewegungen des 19. Jahrhunderts.

Das wird nicht reichen, wenn die "ganze alte Scheiße" nach der Revolution nicht wieder von vorne losgehen sollte, weil die gesellschaftlichen Produktivkräfte noch zu gering entwickelt waren und aus den Austauschverhältnissen isolierter Privatproduzenten Geldmangel, Zinswucher und Steuerexzesse des Staates immer neu sich entwickeln mußten. Die Warenproduktion mußte selbst beseitigt werden und das ging nur, wenn in ihr und unter der Herrschaft des Kapitals die Bedingungen herangereift waren, damit die Produzenten bei unmittelbar vergesellschafteter Produktion einen Überfluß von Reichtum unter sich verteilen konnten. Die Fabrikarbeiter durften sich dann nicht mit einem gerechten Lohn zufriedengeben, sondern mußten die Kapitalisten enteignen und die Produktion in eigene Regie nehmen.

Die Kritik der politischen Ökonomie hatte nachzuweisen, daß die der Produktion scheinbar äußerlichen Fesseln, die zugleich als die frappierendsten Formen der Ausbeutung erschienen, Geldzauber, Zinstreiberei, Pacht- und Mietwucher, Steuerschraube und die Profite der Fabrikherren nichts anderes als selbstgeschmiedete Fesseln der Arbeit unter Verhältnissen kapitalistischer Warenproduktion waren und auch ein gerechter Lohn diese Fesseln bestenfalls lockern, aber keineswegs sprengen konnte. Wenn noch die der Arbeit scheinbar fremdesten Erscheinungen realiter ihr eigenes Produkt unter kapitalistischen Verhältnissen waren und bleiben mußten, solange sie unter diese gezwungen war, hieß Befreiung der Arbeit Selbstbefreiung. Die Fesseln mußten sich wie Spuk lösen, sofern die Arbeit sich nur aus den Verhältnissen befreite, in denen sie neben allerlei Gebrauchswerten immer auch diese fremden Mächte mit hervorbrachte.

Dieser Nachweis war die von der sozialrevolutionären Bewegung selbst aufgeworfene theoretische Aufgabe der Kritik der politischen Ökonomie. Um sich diese theoretische Aufgabe auch nur stellen zu können, mußte man freilich ein philosophisch gebildeter Kopf sein und zugleich die Phrasen jeder revolutionären Bewegung, die immer auf die ganze Befreiung zielen, wörtlich nehmen, um dann zu sehen, wie sie denn zu haben wäre, obwohl die unmittelbaren Anstöße und Ziele der Bewegung beschränkt, ja illusionär waren.

Zwischen der zeitgenössischen sozialrevolutionären Bewegung und ihren hochgestimmten Zielen vermittelt die Kritik der politischen Ökonomie, indem sie deren oberflächlichen Anstöße auf ihre Grundlagen in der für selbstverständlich genommenen alltäglichen Normalität zurückführt, um eben dadurch zu demonstrieren, wie tief die Revolution pflügen muß, wenn sie ihre hohen Ziele ernstnehmen will.

Gegen Marxisten ist oft eingewandt worden, daß sie Marx nicht richtig gelesen, geschweige verstanden hätten. Man darf freilich nicht vergessen, daß zur Zeit seiner initialen Wirksamkeit außer dem ersten Band des Kapitals nichts von seiner Kritik der politischen Ökonomie zu lesen war. So hat der Marxismus, sofern er sich überhaupt an Marx bildete, meist weder die Anstöße der sozialrevolutionären Bewegungen, mit denen sich Marx verbunden fühlte und auch sie es zu tun hatten, noch die Kritik der politischen Ökonomie, die nach ihren Wurzeln suchte, ernstgenommen. Und doch verliert der erste Band der Kritik der politischen Ökonomie jedes praktische Interesse, wenn nicht präsent ist, daß es hier um die Klärung der Bedingungen geht, unter denen Profit, Zins, Pacht, Mieten und Steuern sozialrevolutionäre Bewegungen antreiben und zugleich blenden, da sie nicht als Produkte einer spezifisch verfaßten gesellschaftlichen Arbeit, sondern als blanke Schikanen erscheinen. Indem der Marxismus immer sofort und unvermittelt Ausbeutung auf Mehrwertproduktion zurückführte, entwaffnete er sich selbst gegenüber der demagogischen Auswertung der Anstöße aller sozialen Bewegungen in Gesellschaften auf Grundlage kapitalistischer Produktionsweise und verbaute sich zudem den Zugang zu einer revolutionär-demokratischen Politik, die ja an der Ausbeutung prinzipiell nichts ändern kann. In seinem theoretischen Überlegenheitsgefühl neigte der Marxismus damit von vornherein zu Dogmatismus und Arroganz gegenüber bloßem Demokratismus, der immer an den Ausgangspunkten der Kritik der politischen Ökonomie ansetzen wird.

Das Kapital.

Kritik der politischen Oekonomie.

Von

Karl Marx.

Erster Band.

Buch I: Der Produktionsprocess des Kapitals.

Hamburg
Verlag von Otto Meissner.
1867.
New-York: L. W. Schmidt, 24 Barclay-Street.

ERSTAUSGABE VON BAND 1 DES KAPITALS, UMSCHLAGBLATT DER BROSCHUR-AUSGABE

Marxens Kritik der politischen Ökonomie ist ein gewaltiges Aufklärungsprogramm über die Produkte der Arbeit unter kapitalistischen Produktionsverhältnissen, die hier als stoffliche Früchte des Geldes (Fabriken zum Beispiel) und immaterielle Früchte des Bodens (Geld aus Grundbesitz) erscheinen. Das Mißliche an diesem Aufklärungsprogramm und seiner Durchführung ist nicht nur, daß die Bände zwei und drei, in denen sich Marx langsam an die Ausgangspunkte der Kritik heranarbeitete, in fragmentarischen Vorarbeiten stecken blieben und erst von Engels aus dem Nachlaß herausgegeben wurden, sondern daß der offensichtliche Widerspruch zwischen den Ergebnissen der theoretischen Analyse des ersten Bandes und den frappierendsten Erscheinungen der kapitalistischen Alltagswelt überhaupt erst gegen Ende des dritten Bandes thematisiert wird, um ihn dann fast im Handumdrehen zu lösen. So scheint die Aufklärung längst vollendet, bevor sie sich gegen Ende der Klippe nähert, an der sie als theoretisches Konstrukt zerschellen kann. Hat Marx im ersten Kapitel des ersten Bandes den "Springpunkt" aller Kritik der politischen Ökonomie bereits verraten und offengelegt, was er für seine eigentliche Entdeckung hält, den Doppelcharakter der Arbeit in Gesellschaften mit kapitalistischer Produktionsweise, so spart er sich den Witz dieser ganzen theoretischen Entwicklung, ihren diametralen Zusammenstoß mit den offensichtlichsten Erscheinungen der kapitalistischen Produktionsweise, über hunderte von Seiten auf, bis er schließlich die Ergebnisse der Analyse des Wertbildungsprozesses mit den damit scheinbar unvereinbaren Tatsachen der Bildung des Produktionspreises konfrontiert.

Man kann sagen, daß Marxens Aufklärung zu seinen Lebzeiten klandestin blieb und das bis heute weitgehend geblieben ist. In ihren diffizilen Gängen trampelten Marxisten wie Marxtöter nach Lust und Laune herum, ohne auch nur auf die Idee zu kommen, daß, was sie für die Lösung hielten doch nur das Ende des Ariadnefadens war, der sie zum Eingang des Labyrinths zurückführen konnte. So blieben sie darin stecken, ohne sich daran zu stoßen. Lenin war übrigens auch deshalb in Marx verliebt, weil er als fast einziger Marxist dem Witz der Kritik der politischen Politik auf die Spur gekommen war. Späte Liebe zu und frische Bewunderung für Marx wie die Enttäuschung über den Marxismus haben erst seit den sechziger Jahren des zwanzigsten Jahrhunderts zur intensiveren Rezeption der Kritik der politischen Ökonomie geführt. Über den Irrwegen, die sich dabei auftaten, sollte nicht vergessen werden, daß Marx erst dadurch kurzfristig präsent und ihm zum ersten Mal angemessene hermeneutische Anstrengung gewidmet wurde.

Ein solch verwirrendes Ergebnis von Aufklärung kann nicht nur in der Darstellungs- und Editionsweise des aufklärerischen Monumentalwerkes seine Erklärung finden, sondern muß auch in unaufgeklärten Widersprüchen des Aufklärers selber zu suchen sein.

In seiner Psyche ist hinreichend herumgewühlt worden. Man kann all die Enthüllungen als wahr unterstellen. Was aber ist mit ihnen über die Geltung der Kritik der politischen Ökonomie ausgesagt? Und vor allem, was sagen sie über die Wirkung von Marx aus, wenn man nicht allen Marxisten die psychischen Probleme von Marx und umgekehrt die ihren Marx unterstellen will? Ob nun Marxens Furunkeln die Entstehung seiner Auffassungen erklären oder nicht, sie sind jedenfalls belanglos zur Erklärung der Wirkung dieser Auffassungen auf Leute ohne Furunkeln.

Wenn man eine Erklärung für die theoretisch-praktischen Probleme des Marxschen Aufklärungsversuches und für seine widersprüchliche Wirkungsgeschichte sucht, sollte man vielleicht an dem Zusammenhang zwischen seinen revolutionären Vorstellungen und den Ergebnissen der Kritik der politischen Ökonomie ansetzen. Jedenfalls geriet der überschießende revolutionäre Impuls aus dem 18. Jahrhundert, der Marx antrieb, in immer größeren Widerspruch zu den Perspektiven, die die Kritik der politischen Ökonomie für das 20. und 21. Jahrhundert aufzeigte, obwohl sie zunächst nur, die Bedingungen und Ziele der revolutionären Bewegungen klären sollte, die Marx vor Augen hatte.

Daß Marx seine Kritik der politischen Ökonomie mit der Ware begann, hat vielleicht nicht nur theoretische Darstellungsgründe, sondern auch den praktischen Grund, daß in einer Gesellschaft, die noch von kleinen selbstständigen Warenproduzenten geprägt war und einer revolutionären Bewegung gegenüber, die immer noch von diesen und solchen, die es (wieder) werden wollten, getragen wurde, alles darauf ankam, die Verdinglichung gesellschaftlicher Verhältnisse bereits in der Form des Produkts nachzuweisen, die alle Arbeiter, Handwerker, Bauern und Fabrikarbeiter miteinander verband. So enthält bereits der Eröffnungssatz des Kapitals eine Bündnisperspektive, ohne die zu Marxens Lebzeiten an eine proletarische Revolution gar nicht zu denken war:

"Der Reichtum der Gesellschaften, in welchen kapitalistische Produktionsweise herrscht, erscheint als eine ‚ungeheure Warensammlung', die einzelne Form als seine Elementarform. Unsere Untersuchung beginnt daher mit der Analyse der Ware."

In gewisser Weise ist in der Analyse dieser "Elementarform" das Paradox von Marxens Lebenswerk enthalten und verborgen: Die Revolutionen, die er erfuhr, waren keine proletarischen, die revolutionären Bewegungen, die er kannte, waren kleinbürgerlich. Der Klasse aber, die seine Kritik "soweit sie überhaupt eine Klasse vertritt", vertreten sollte und "deren geschichtlicher Beruf die Umwälzung der kapitalistischen Produktionsweise und die schließliche Abschaffung der Klassen ist", entzog eben der Fortgang der Analyse die revolutionären Gründe.

Marxens Revolutionsvorstellungen stammen aus politischer Zeitgenossenschaft. Die Zeitgenossen auf dem Kontinent waren Leute, die sich gegen die "formelle Subsumtion" ihrer Arbeit unter Kapitalverhältnissen wehrten, etwa die schlesischen Weber. Wenn sie sich gegen die beginnende Fabrikarbeit wehrten, wehrten sie sich als Handwerker. Sie träumten davon, sich von der Unterwerfung unter das Kapital zu befreien. Zu ihr zwangen sie Geldmangel, Zins- und Mietwucher und Steuern. Sahen sie sich gezwungen, in die Fabrik zu gehen, änderte sich ihre Arbeit der Menge und der fehlenden Selbstbestimmung nach, zunächst aber noch kaum in ihrem Charakter. Was mußten sie tun, um sich zu befreien, außer die ökonomische Form und unterdrückerische Hülle ihrer Arbeit zu sprengen, um diese dann in eigener Regie um so besser zu machen und ihre Früchte voll zu genießen? Die kommunistischen Vorstellungen dieser handwerklichen Arbeiter speisten sich, sofern vorhanden, aus den noch mehr oder weniger lebendigen gemeinschaftlichen, gemeindlichen Traditionen ihrer Existenz.

Gegen die ökonomischen Flausen der revolutionären Bewegung auf dem Kontinent richtete sich zwar die Kritik der politischen Ökonomie von Karl Marx, ihre Revolutionsvorstellungen aber blieben die seinen. So blieb es dabei: Wenn die formelle Hülle des Kapitals erst gesprengt ist, wird sich alles weitere finden.

Die Pariser Kommune konnte so sofort als "endlich entdeckte politische Form, unter der die ökonomische Befreiung der Arbeit sich vollziehen konnte", gepriesen werden, ohne fragen zu müssen, wie sie sich der großen Industrie und dem Weltmarkt gegenüber bewähren würde. Die Kommune wurde blutig, vor allem aber schnell zerschlagen. Um so ungetrübter blieb ihr Nimbus als epochale Entdeckung, an die sich dann die großindustriellen kommunistischen Experimente noch nicht mal in Worten hielten.

Denn was zeigte die Kritik der politischen Ökonomie? Die durch die revolutionäre Bewegung und den theoretischen Anspruch gestellte Aufgabe, alle Fesseln des Proletariats als selbstgeschmiedet zu beweisen, gelang Marx trotz des großen analytischen Aufwands relativ leicht und schlüssig. Gar nicht gelungen ist dagegen der Versuch, die theoretisch immer vollständigeren Voraussetzungen des Kommunismus durch Entwicklung der Produktivkräfte unter kapitalistischen Produktionsverhältnissen und den Nachweis der praktischen revolutionären Möglichkeiten des Proletariats unter einen Hut zu bekommen. Wider Willen desavouierte die Kritik der politischen Ökonomie, zum Zweck der tieferen Begründung des zeigenössischen Revolutionsimpulses in Gang gesetzt, eben diesen: Es reicht nicht die formelle Hülle zu sprengen, wenn in ihr das Kapitalverhältnis reell und stofflich das gesellschaftliche Alltagsleben zunehmend prägt. Mochte der Kapitalismus Zusammenbruchstendenzen noch und noch aufweisen, gerade die Fabrikarbeiter mußten den Zusammenbruch fürchten, weil sie anders als Handwerker und Bauern selbst in ihrer puren Subsistenz vom Funktionieren des Ganzen wirklich abhängig waren. Mit der Vertiefung des Kapitalverhältnisses durch die reelle Subsumtion der Arbeit funktioniert die Vorstellung der "Umstülpung" oder "Umwälzung" der Produktionsverhältnisse nicht mehr. Entweder kommt dabei die eigene Grundlage des Kapitals erst recht zum Tragen (das wäre ein Ansatz zur Erklärung der Verkrüppelung der Menschen und der Zerstörung der Natur durch den Sowjetkommunismus) oder es geht viel mehr zu Bruch als nur die kapitalistische Hülle der gesellschaftlichen Reproduktion.

Je tiefer die Kritik der politischen Ökonomie schnitt, desto mehr zerstörte sie die Revolutionsvorstellungen, die sie veranlaßt hatten und die sie begründen sollte. Marx wird das gespürt haben. Eben über diese Ahnung dürfte die Fertigstellung und Herausgabe der Kritik der politischen Ökonomie ins Stocken geraten sein. Marx beschränkte sich vielleicht deshalb auf die Veröffentlichung politischer Artikel, die vor allem den Kampf gegen Despotie und die demokratischen Entfaltungsmöglichkeiten der Arbeiterbewegung zum Gegenstand hatten.

Marxens Kritik der politischen Ökonomie war über die Analyse des relativen Mehrwerts schneller zu den Entwicklungsbedingungen und -möglichkeiten der kapitalistischen Produktion auf eigener Grundlage, der "spezifisch kapitalitischen Produktionsweise (auch technonologisch)", vorgedrungen als sich diese selbst bereits breit etabliert hatte. Die eigene Grundlage des Kapitals sah Marx im automatischen Maschinensystem und der Entstehung der großen Industrie. Hatte das Kapital ursprünglich die unmittelbaren Produzenten lediglich unter seine Kontrolle und unter sein Kommando gebracht, ihre Arbeit also sich formell einverleibt und subsummiert, ohne sie ihrem konkreten Charakter nach bereits vollständig umzuwälzen, so schuf es jetzt stofflich eine Grundlage der Produktion, die die zersplitterten unmittelbaren Produzenten von sich aus weder hätten schaffen wollen noch können. Obwohl nach wie vor Produkt der Arbeit und nicht Frucht des Kapitals, ist diese neue stoffliche Grundlage der gesellschaftlichen Produktion doch eine rein kapitalistische Veranstaltung, um bei gegebener Länge des Arbeitstages durch Steigerung der Produktivkraft der Arbeit die Produktion des Mehrwerts zu erhöhen. Mit dieser reellen Subsumtion unter das Kapital, wodurch die Arbeit nun auf dessen Grundlage gestellt ist und auf ihr funktioniert, passiert Entscheidendes. Statt wie handwerkliche oder bäuerliche Kleinproduzenten eine der erprobten Grundlage ihrer eigenen Arbeit fremde und aufgezwungene ökonomische Form nur abwerfen zu müssen, müßten sich die Industriearbeiter einer fremden, von ihnen getrennt entwickelten Grundlage der eigenen Arbeit bemächtigen. Marx antwortet auf dieses Problem mit dem Konzept des "produktiven Gesamtarbeiters" einerseits und dem Hinweis auf die allseitige Bildungsfähigkeit des individuellen Arbeiters andererseits, weil der nun nicht mehr an einseitige, nur durch lebenslange Erfahrung erlernbare Fertigkeiten gebunden sei, sondern durch den in einfache Schritte zerlegten Arbeitsprozeß in manigfachen Kombinationen verfügbar, damit aber auch vielseitig ausbildbar werde und unterschiedliche Arbeitsprozesse zu bewerkstelligen lerne.

Für den Kapitalisten sind mit der Entwicklung von Maschinerie und großer Industrie seine bisherigen Funktionen im Produktionsprozeß ihrerseits nur noch durch Lohnarbeit zu erledigen. Der Produktionsprozeß des Kapitals wird tendenziell zu einem vom Kapitalisten unabhängigen gesellschaftlichen Automaten von Lohnarbeitern. Das heißt, er kann auch ohne ihn funktionieren. Freilich kann er ohne ihn nur funktionieren, wenn sein Fehlen oder seine Beseitigung gar nicht gemerkt wird, weil die Funktionsweise gleich bleibt und längst von den Sachen und Sachzwängen selbst statt von seinen Kommandos diktiert wird.

Unter den Bedingungen der formellen Subsumtion der Arbeit unter das Kapital haben sich die Revolutionsvorstellungen des 19. Jahrhunderts ausgebildet. Unter den Bedingungen der reellen Subsumtion der Arbeit unter das Kapital entstand die moderne Gewerkschaftsbewegung. Für Marx als Kontinentaleuropäer und Bewohner der britischen Insel, der ursprünglichen Heimat der großen Industrie, überschnitten sich diese beiden qualitativ verschiedenen, ja entgegengesetzten Erfahrungen. "Lohn, Preis und Profit" ist der Versuch, sie noch einmal unter einen Hut zu bekommen.

Der kontinentale Revolutionsimpuls lebte von einer Vorstellung der Leichtigkeit, die kapitalistische Hülle zu sprengen, der gewerkschaftliche Impuls entsprang der Schwierigkeit, sich gegenüber dem Kapital auf dessen Grundlage als Gegner mit entgegengesetzten Interessen wenigstens Anerkennung zu verschaffen.

Mit der Kritik der politischen Ökonomie hatte Marx zwischen den oberflächlichen Anstößen der sozialrevolutionären

Bewegung und den Zwecken, die ihren Überschwang begründen konnten, vermittelt. Gegenüber der britischen Gewerkschaftsbewegung versuchte er zu beweisen, daß sie mit ihren beschränkten Zielen ihren eigentlichen Zweck verfehlen müsse. Statt revolutionäre Phrasen mit Gründen untermauern zu müssen, sah sich die Kritik der politischen Ökonomie nun gezwungen, den praktischen Kampf der Gewerkschaften um die Anerkennung durch den Gegner auf Grundlage der großen Industrie als Ausdruck der Feindschaft zwischen grundsätzlich und nicht nur ökonomisch entgegengesetzten Zwecken nachzuweisen. Damit hatte sich das Verhältnis zwischen Kritik der politischen Ökonomie und praktischer Bewegung umgekehrt. Statt die revolutionäre Phrase auf den Boden der ökonomischen Verhältnisse herunterzuholen, lief sie nun Gefahr gegenüber einer reformerischen und demokratischen Bewegung als Rechtfertigung der revolutionären Phrase zu dienen, die den "historischen Beruf" des Proletariats bei der aktuellen Arbeiterbewegung einklagte.

Ergebnis war der Revisionismusstreit in der internationalen Sozialdemokratie. Im Westen, wo das Kapital inzwischen weithin auf eigener Grundlage agierte, wurden in historischer Verkehrung die Ursachen des Reformismus in kleinbürgerlichen Relikten und Einsprengseln der Arbeiterbewegung, also in dem modernen Proletariat fremde Ideologien gesucht, während er doch gerade erst eine nicht mehr zu sprengende materielle Grundlage in Maschinerie und großer Industrie fand. Ohne die Bolschewiki und die russische Revolution wäre die Revisionismusdebatte wahrscheinlich ein ideologisch überhöhter, schließlich praktisch überholter Flügelstreit geblieben. Für die Bolschewiki und die russische Revolution stellte sich das Revisionismusproblem, das heißt der Widerspruch zwischen aktueller revolutionärer Situation und den gedachten Voraussetzungen des Kommunismus noch einmal ähnlich wie für Marx, nur das nun kein Kanal zwischen beidem lag. In einem Meer von Kleinproduktion bildete die große Industrie in Rußland eine kleine Insel. Die Kleinproduktion ermöglichte die schnelle Revolution, die große Industrie aber sollte ihren proletarischen Charakter erst sichern.

Unter praktischen Zwängen der revolutionären Machteroberung und Machtsicherung hat Lenin viele implizite Widersprüche und Schwierigkeiten des Marxismus aber auch von Karl Marx aktualisiert und offen aufgeworfen. In der Formel „Sowjets plus Elektifizierung" sind sie zusammengepreßt, in den Formeln Alle Macht den Räten und Eine Fabrik, ein Büro treten sie auseinander. In der letzteren wird versucht, den "produktiven Gesamtarbeiter" als kommunistisches Subjekt auf eigener Grundlage und damit die Bedingung unmittelbar gesellschaftlicher Produktion als logischen Endpunkt der kapitalistischen Produktionsweise zu denken. In der Räteformel dagegen wird der aktuellen revolutionären Situation und der (Wieder)Aneignung der zersplitterten tatsächlichen Produktionsbasis Rechnung getragen. Eine Gesellschaft nach dem von Lenin gedachten Muster der deutschen Kriegsindustrie (eine Fabrik, ein Büro; Staatskapitalismus) und eine Demokratie, die auf dem Dorfsowjet aufbaut, konnten nicht zusammengehen. Stalin setzte mit aller Konsequenz auf das Ziel eine Fabrik, ein Büro. Da die eigene Grundlage des Kapitals in Sachen materielles Dasein erhalten hat, kann sie auch ohne Entwicklung der Formen der kapitalistischen Produktion transplantiert und errichtet werden. Zu überholen, ohne einzuholen, konnte deshalb zum ausdrücklichen Programm erhoben werden.

Marxens philosophischer Spleen des unmittelbar Gesellschaftlichen war der theoretische Stachel seiner scharfsinnigen Analyse der Ware und der Kritik der politischen Ökonomie. Marx wollte die Gesellschaftlichkeit entwickeln und eben dadurch die Unmittelbarkeit zurückgewinnen, die mit der individuellen, beziehungsweise familiären Subsistenzproduktion untergegangen war und allenfalls noch mit Robinson und Freitag imaginiert werden konnte. Unmittelbarkeit gesellschaftlicher Produktion aber ist nur zu denken, wenn man die Gesellschaft als ein Subjekt versteht und sie entweder als Individuum oder als Familie denkt. Noch Stalins Probleme des Sozialismus schlagen sich mit dem Rätsel herum, wie bei höchstentwickelter gesellschaftlicher Produktion unmittelbare Aneignung zu haben wäre. Des Rätsels Lösung schien immer, bei Stalin oder Marcuse, in dem Wörtchen "Überfluß" zu stecken.

Daß Profit, Zins und Rente nur entfremdete Produkte des Doppelcharakters der Arbeit unter Bedingungen der kapitalistischen Warenproduktion sind, bleibt gelehrte Aufklärung. Hätte 1848, wie von Marx erhofft, zur Permanenz einer Revolution geführt, die den Kapitalismus als Produktionsweise erst gar nicht hätte verfestigen lassen, wäre es zu seinem Zentralproblem nicht gekommen: zwischen den kontinentalen revolutionären Impulsen des 18. Jahrhunderts und den Perspektiven einer kritischen Aufklärung, deren Objekt, das Kapital auf eigener Grundlage, in England erst im Enstehen begriffen war, nicht (mehr) vermitteln zu können.

Ob man mit Marx unter diesem Problem leidet oder ob es einen völlig unberührt läßt - vor die Konsequenzen der immer reelleren und immer weiter ausgreifenden Subsumtion der Arbeit unter das Kapital und der Verkörperung der Logik ökonomischer Formen in brutalen Sachzwängen des gesellschaftlichen Alltagslebens ist man so oder so gestellt. Die Produktionsweise bleibt revolutionär, produziert aber kein revolutionäres Subjekt. Die Kritik der politischen Ökononomie wird zur Trauerarbeit oder verkommt zur akademischen Übung. Keins von beidem war das Ding eines Karl Marx.

[illegible] ihre Illusionen [illegible]
[illegible]



[illegible]

Karl Marx: Erster Entwurf z. Commun. Manif[illegible]

# GESCHICHTLICHE TENDENZEN DER KAPITALISTISCHEN AKKUMULATION

Karl Marx

Worauf kommt die ursprüngliche Akkumulation des Kapitals, d.h. seine historische Genesis, hinaus ? Soweit sie nicht unmittelbare Verwandlung von Sklaven und Leibeigenen in Lohnarbeiter, also bloßer Formwechsel ist, bedeutet sie nur die Exproriation der unmittelbaren Produzenten, d.h. die Auflösung des auf eigener Arbeit beruhenden Privateigentums.

Privateigentum, als Gegensatz zum gesellschaftlichen, kollektiven Eigentum, besteht nur da, wo die Arbeitsmittel und die äußeren Bedingungen der Arbeit Privatleuten gehören. Je nachdem aber diese Privatleute die Arbeiter oder die Nichtarbeiter sind, hat auch das Privateigentum einen anderen Charakter. Die unendlichen Schattierungen, die es auf den ersten Blick darbietet, spiegeln nur die zwischen diesen beiden Extremen liegenden Zwischenzustände wider.

Das Privateigentum des Arbeiters an seinen Produktionsmitteln ist die Grundlage des Kleinbetriebs, der Kleinbetrieb eine notwendige Bedingung für die Entwicklung der gesellschaftlichen Produktion und der freien Individualität des Arbeiters selbst. Allerdings existiert diese Produktionsweise auch innerhalb der Sklaverei, Leibeigenschaft und andrer Abhängigkeitsverhältnisse. Aber sie blüht nur, schnellt nur ihre ganze Energie, erobert nur die adäquate klassische Form, wo Arbeiter freier Privateigentümer seiner von ihm selbst gehandhabten Arbeitsbedingungen ist, der Bauer des Ackers, den er bestellt, der Handwerker des Instruments, worauf er als Virtuose spielt

Diese Produktionsweise unterstellt Zersplitterung des Bodens und der übrigen Produktionsmittel. Wie die Konzentration der letzren, so schließt sie auch die Kooperation, Teilung der Arbeit innerhalb derselben Produktionsprozesse, gesellschaftliche Beherrschung und Reglung der Natur, freie Entwicklung der gesellschaftlichen Produktivkräfte aus. Sie ist nur verträglich mit engen naturwüchsigen Schranken der Produktion und der Gesellschaft. Sie verewigen wollen hieße, wie Pecqueur mit Recht sagt, "die allgemeine Mittelmäßigkeit dekretieren". Auf einem gewissen Höhegrad bringt sie die materiellen Mittel ihrer eigenen Vernichtung zur Welt. Von diesem Augenblick regen sich Kräfte und Leidenschaften im Gesellschaftsschoß, welche sich von ihr gefesselt fühlen. Sie muß vernichtet werden, sie wird vernichtet. Ihre Vernichtung, die Verwandlung der individuellen und zersplitterten Produktionsmittel in gesellschaftlich konzentrierte, daher des zwerghaften Eigentums vieler in das massenhafte Eigentum weniger, daher die Expropriation der großen Volksmasse von Grund und Boden und Lebensmitteln und Arbeitsinstrumenten, diese furchtbare und schwierige Expropriation der Volksmasse bildet die Vorgeschichte des Kapitals. Sie umfaßt eine Reihe gewaltsamer Methoden, wovon wir nur die epochemachenden als Methoden der ursprünglichen Akkumulation des Kapitals Revue passieren ließen. Die Expropriation der unmittelbaren Produzenten wird mit schonungslosestem Vandalismus und unter dem Trieb der infamsten, schmutzigsten, kleinlichst gehässigsten Leidenschaften vollbracht. Das selbsterarbeitete, sozusagen auf Verwachsung des einzelnen, unabhängigen Arbeitsindividuums mit seinen Arbeitsbedingungen beruhende Privateigentum wird verdrängt durch das kapitalistische Privateigentum, welches auf Exploitation fremder, aber formell freier Arbeit beruht. Sobald dieser Umwandlungsprozess nach Tiefe und Umfang die alte Gesellschaft hinreichend zersetzt hat, sobald die Arbeiter in Proletarier, ihre Arbeitsbedingungen in Kapital verwandelt sind, sobald die kapitalistische Produktionsweise auf eignen Füßen steht, gewinnt die weitere

Vegesellschaftung der Arbeit und weitere Verwandlung der Erde und andrer Produnktionsmittel in gesellschaftlich ausgebeutete, also gemeinschaftliche Produktionsmittel, daher die weitere Expropriation der Privateigentümer, eine neue Form. Was jetzt zu expropriieren, ist nicht länger der selbstwirtschaftende Arbeiter, sondern der viele Arbeiter exploitierende Kapitalist.

Diese Expropriation vollzieht sich durch das Spiel der immanenten Gesetze der kapitalistischen Produktion selbst, durch die Zentralisation der Kapitale. Je ein Kapitalist schlägt viele tot. Hand in Hand mit dieser Zentralisation oder Expropriation vieler Kapitalisten durch wenige entwickelt sich die kooperative Form des Arbeitsprozesses auf stets wachsender Stufenleiter, die bewußte technische Anwendung der Wissenschaft, die planmäßige Ausbeutung der Erde, die Verwandlung der Arbeitsmittel in nur gemeinsam verwendbare Arbeitsmittel, die Ökonomisierung aller Produktionsmittel durch ihren Gebrauch als Produktionsmittel kombinierter, gesellschaftlicher Arbeit, die Verschlingung aller Völker in das Netz des Weltmarkts und damit der internationale Charakter des kapitalistischen Regimes. Mit der beständig abnehmenden Zahl der Kapitalmagnaten, welche alle Vorteile dieses Umwandlungsprozesses usurpieren und monopolisieren, wächst die Masse des Elends, des Drucks, der Knechtschaft, der Entartung, der Ausbeutung, aber auch der Empörung der stets anschwellenden und durch den Mechanismus des kapitalistischen Produktionsprozesses selbst geschulten, vereinten und organisierten Arbeiterklasse. Das Kapitalmonopol wird zur Fessel der Produktionsweise, die mit und unter ihm aufgeblüht ist. Die Zentralisation der Produktionsmittel und die Vergesellschaftung der Arbeit erreichen einen Punkt, wo sie unverträglich werden mit ihrer kapitalistischen Hülle. Sie wird gesprengt. Die Stunde des kapitalistischen Privateigentums schlägt. Die Expropriateurs werden expropriiert.

1867, MEW 25, 791/789

In der gesellschaftlichen Produktion ihres Lebens gehen die Menschen bestimmte, notwendige, von ihrem Willen unabhängige Verhältnisse ein, Produktionsverhältnisse, die einer bestimmten Entwicklungsstufe ihrer materiellen Produktivkräfte entsprechen. Die Gesamtheit dieser Produktionsverhältnisse bildet die ökonomische Struktur der Gesellschaft, die reale Basis, worauf sich ein juristischer und politischer Überbau erhebt und welcher bestimmte gesellschaftliche Bewußtseinsformen entsprechen. Die Produktionsweise des materiellen Lebens bedingt den sozialen, politischen und geistinge Lebensprozeß überhaupt. Es ist nicht das Bewußtsein der Menschen, das ihr Sein, sondern umgekehrt ihr gesellschaftliches Sein, das ihr Bewußtsein bestimmt. Auf einer gewissen Stufe ihrer Entwicklung geraten die materiellen Produktivkräfte der Gesellschaft in Widerspruch mit den vorhandenen Produktionsverhältnissen oder, was nur ein juristischer Ausdruck dafür ist, mit den Eigentumsverhältnissen, innerhalb deren sie sich bewegt hatten. Aus Entwicklungsformen der Produktivkräfte schlagen diese Verhältnisse in Fesseln derselben um. Es tritt dann eine Epoche sozialer Revolution ein. Mit der Veränderung der ökonomischen Grundlage wälzt sich der ganze ungeheure Überbau langsamer oder rascher um. In der Betrachtung solcher Umwälzungen muß man stets unterscheiden zwischen der materiellen, naturwissenschaftlich treu zu konstatierenden Umwälzung in den ökonomischen Produktionsbedingungen und den juristischen, politischen, religösen, künstlerischen oder philosophischen, kurz ideologischen Formen, worin sich die Menschen dieses Konfliktes bewußt werden und ihn ausfechten. So wenig man das, was ein Individum ist, nach dem beurteil, was es sich selbst dünkt, ebensowenig kann man eine solche Umwälzungsepoche aus ihrem Bewußtsein beurteilen, sondern muß vielmehr dies Bewußtsein aus den Widersprüchen des materiellen Lebens, aus dem vorhandenen Konflikt zwischen gesellschaftlichen Produktivkräften und Produktionsverhältnissen erklären. Eine Gesellschaftsformation geht nie unter, bevor alle Produktivkräfte entwickelt sind, für die sie weit genug ist, und neue höhere Produktionsverhältnisse treten nie an die Stelle, bevor die materiellen Existenzbedingungen derselben im Schoß der alten Gesellschaft selbst ausgebrütet worden sind. Daher stellt sich die Menschheit immer nur Aufgaben, die sie lösen kann, denn genauer betrachtet wird sich stets finden, daß die Aufgabe selbst nur entspringt, wo die materiellen Bedingungen ihrer Lösung schon vorhanden oder wenigstens im Prozeß ihres Werdens begriffen sind. In großen Umrissen können asiatische, antike, feudale und modern bürgerliche Produktionsweisen als progressive Epochen der ökonomischen Gesellschaftsformation bezeichnet werden. Die bürgerlichen Produktionsverhältnisse sind die letzte antagonistische Form des gesellschaftlichen Produktionsprozesses, antagonistisch nicht im Sinn von individuellem Antagonismus, sondern eines aus den gesellschaftlichen Lebensbedingungen der Individuen hervorwachsenden Antagonismus, aber die im Schoß der bürgerlichen Gesellschaft sich entwickelnden Produktivkräfte schaffen zugleich die materiellen Bedingungen zur Lösung dieses Antagonismus. Mit dieser Gesellschaftsformation schließt daher die Vorgeschichte der menschlichen Gesellschaft ab.

GRAB IN HIGHGATE

1859, MEW 13, 8

2 Uhr Nachts. 16 Aug. 18

Ich brauche die
Reinabzüge zurück, sobald Du das Buch ganz erhalten

Dear Fred,

Eben den letzten Bogen (49.) des Buchs fertig corrigirt. Der Anhang – Werthform – kleingedruckt, umfaßt 1 1/4 Bogen.

Vorrede ditto gestern corrigirt zurückgeschickt. Also dieser Band ist fertig. Bloß Dir verdanke ich es, daß dieß möglich war! Ohne Deine Aufopferung für mich konnte ich unmöglich die ungeheuren Arbeiten zu den 3 Bänden machen. I embrace you, full of thanks!

Einliegend 2 Bogen Reinabzug.

Die 15 £ mit bestem Dank erhalten.

Salut, mein lieber, theurer Freund!

Dein K. Marx

## KARL MARX

### Kurzbiographie

| | |
|---|---|
| 1818 | Geburt am 5. Mai in Trier. |
| 1824 | Der Vater Heinrich Marx läßt seine Kinder evangelisch taufen. |
| 1835 | Abitur am Trierer Friedrich-Wilhelms-Gymnasium. Studium der Rechtswissenschaften in Bonn. |
| 1836 | Wechsel an die Universität Berlin. Erste literarische Versuche. Heimliche Verlobung mit Jenny von Westfalen in Trier. |
| 1838 | Tod des Vaters, Zerwürfnis mit der Familie. |
| 1841 | Promotion an der Universität Jena, Dissertation: „Differenz der demokritischen und epikureischen Naturphilosophie". |
| 1842 | Leitender Redakteur der „Rheinischen Zeitung" in Köln. |
| 1843 | Verbot der „Rheinischen Zeitung". Herirat mit Jenny von Westfalen in Kreuznach. Übersiedlung nach Paris. |
| 1844 | „Deutsch-französische Jahrbücher", „Pariser Manuskripte", „Vorwärts". Geburt der ersten Tochter. Erstes Zusammentreffen mit Friedrich Engels. |
| 1845 | „Die heilige Familie". Verbot des „Vorwärts". Ausweisung aus Paris, Übersiedlung nach Brüssel. „Thesen über Feuerbach". „Die Deutsche Ideologie". Marx verzichtet auf die preußische „Staatsuntertänigkeit". Studienreise mit Engels nach England. |
| 1847 | Politisch-ökonomisches Erstwerk „Misère de la Philosophie". Mitglied des Kommunistenbundes. Mitarbeit an der „Deutschen-Brüsseler-Zeitung". |
| 1848 | „Manifest der Kommunistischen Partei". Ausweisung aus Belgien. Während der Revolution Chefredakteur der „Neuen Rheinischen Zeitung" in Köln. |
| 1849 | Ausweisung als Staatenloser. Exil in London. |
| 1851ff | Ökonomische Studien. Marx schreibt hunderte Zeitungsartikel. |
| 1858 | Rohentwurf zum „Kapital", „Grundrisse der Kritik der politischen Ökonomie" |
| 1859 | „Zur Kritik der politischen Ökonomie". Anhaltende „bürgerliche Misere". |
| 1861 | Ansuchen um preußische Staatsbürgerschaft wird abgelehnt. |
| 1863 | Tod der Mutter. Letzter Besuch in Trier. |
| 1864 | Gründung der „Internationalen Arbeiter-Assoziation" in London. |
| 1867 | „Das Kapital. Kritik der politischen Ökonomie", erster Band. |
| 1871 | Pariser Kommune. „Der Bürgerkrieg in Frankreich". |
| 1872 | Konflikt mit Bakunin. Faktisches Ende der „Internationalen Arbeiter-Assoziation". |
| 1872 | Ansuchen um englische Staatsbürgerschaft wird abgelehnt. |
| 1875 | Kritik des Gothaer Programms der deutschen Sozialdemokratie. |
| 1881 | Tod von Frau Jenny Marx. |
| 1883 | Karl Marx stirbt am 14. März. Beerdigung auf dem Friedhof von Highgate. |

ABB. BRIEF MARX AN ENGELS, 16. AUG. 1867

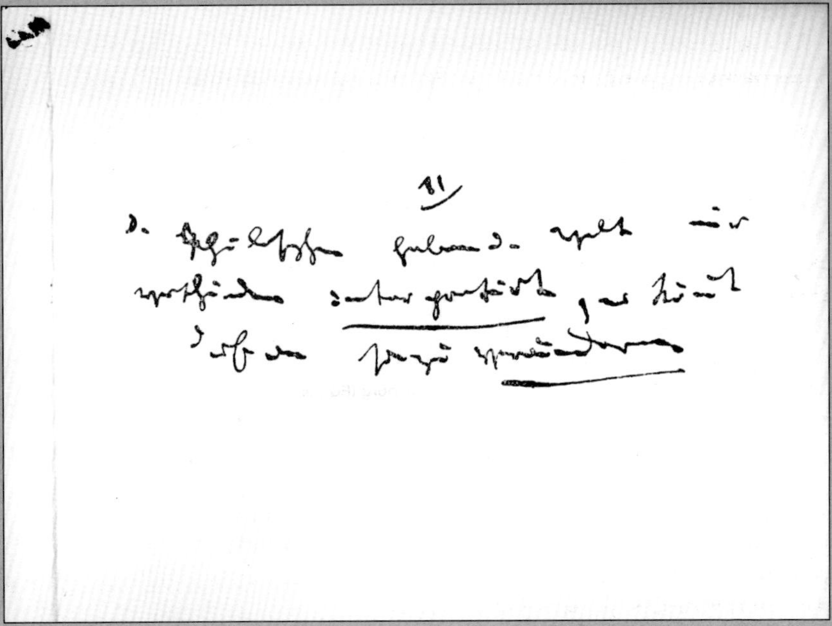
11/
Die Philosophen haben die Welt nur
verschieden interpretirt, es kömmt
drauf an sie zu verändern

 ABB. 11. THESE ÜBER FEUERBACH

## BIOGRAPHIEN DER AUTOREN

### Ludwig Hartinger

Geboren 1952 in Saalfelden am Steinernen Meer, lebt in Salzburg. Lektor (Wieser Verlag), Übersetzer (a. d. Französischen, Slowenischen),Wortlandstreicher.

### Dieter Huber

Geboren 1962 in Schladming. 1980-1985 Studium an der Hochschule Mozarteum in Salzburg; Bühnenbild, Kostümentwurf und Theatermalerei. Seit 1985 freiberuflicher Bildender Künstler. Werke in privaten und öffentlichen Sammlungen, Diverse Auslands- und Arbeitsstipendien; Messebeteiligungen; Veröffentlichungen in Kunstzeitschriften; Kurator diverser Austellungen; Herausgeber der Reihe OXYD; Zahlreiche Ausstellungsbeteiligungen im In- und Ausland.

Einzelausstellungen (Auswahl):

1989 "WUNDER", 7 Triptychen, Galerie Fotohof, Salzburg (Edition)

1990 "CORPUS DELICTI", Kreuzweginstallation, Minoritengalerien Graz (Katalog)

"DER ZAHN DER ZEIT", Bilderzyklus, Galerie Eboran, Salzburg (K)

"EXILIO PERMANENTE", Fundácio Caixa de Pensions, Valencia (K) Video

1991 "ATEM", Spiel mit 4x4 Doppelbildern, Colegio de Arquitectos, Malaga (K)

"DAS ALPHABET", Intervention in Eikon, Lichtbildinstallation, Salzburg

"VIELE MUSSTEN BLUTEN, BEVOR SIE BOSSE WURDEN", Fotogal. Wien

1993 "FLAIR", Portfolio, Galerie Fotohof, Salzburg (E)

"PRIVATE HANDICAPES", Galerie der Stadt Salzburg (K)

1994 "ESELSBRÜCKEN", 38 Bänke im öffentl. Raum, Galerie 5020, Salzburg

1995 "KLONES", KunstRaum Trier

"MAKE UP", Lichtbildinstallation, 80 Tage Wien (E)

### Ivo Kranzfelder

Geboren 1958 in Augsburg, studierte in München Kunstgeschichte und Geschichte. Er promovierte über die Verbindung von Surrealismus und neuerer Modefotografie. Seit 1986 veröffentlichte er zahlreiche Aufsätze für Fachzeitschriften und Katalogbeiträge zur modernen und zeitgenössischen Kunst sowie zur Fotografie, 1993 ein Buch über George Grosz, 1994 eines über Edward Hopper. Seit 1993 Lehrauftrag an der Universität München. Als freiberuflicher Autor lebt er in München.

### Joscha Schmierer

Geboren 1942 in Stuttgart. Aufgewachsen in Kirchheim/Teck zusammen mit einem vier Jahre älteren Bruder bei Mutter und Großeltern. Vater vermißt geblieben seit 1944. Dort 1961 Abitur, zuvor die üblichen Kämpfe mit hartgesottenen deutschnationalen und exnazistischen Lehrern, ermutigt von einem deutschnationalen und exnazistischen Lehrer, ermutigt von einem exkommunistischen Lehrer und unterstützt von einer Klasse, in der schließlich zwei Drittel der männlichen Schüler den Wehrdienst verweigerten.

Studium der Germanistik, Geschichte, Philosophie und Soziologie in Tübingen, Heidelberg, Berlin und wieder Heidelberg. Anfänge der Studentenbewegung in Berlin, Höhepunkt in merkwürdegerweise besonders rebellischen Heidelberg. 1968 für ein paar Monat im Budesvorstand des Sozialistischen Deutschen Studentenbundes (SDS) in Frankfurt, später Mitbegründer des maoistischen Kommunistischen Bundes Westdeutschland (KBW). Die ganzen Jahre über Marxlektüre von vorn bis hinten und von hinten nach vorn.

Redakteur des „forums academicums", dann des „Roten Forums" und schließlich, nach Verbot des Heidelberger SDS, des „Neuen Roten Forums" in Heidelberg mit 1973 bundesweiter Auflage von immerhin 28.000 Exemplaren.

Aufgelebt und verbiestert im KBW. 1975 zusammen mit sechs anderen ehemaligen Heidelberger SDS-lern sieben Monate Gefängnis wegen schweren Landfriedensbruches bei einer Demonstration gegen den Vietnamkrieg in Heidelberg 1971. Nach Spaltung (1980) und Auflösung (1983) ders Kbw Redakteur der unabhängigen Monatszeitschrift „Kommune" in Frankfurt. Autor eines anonymen, aber noch lesenswerten Buches über den Weg der KPD (1977) und eines Essays über „Die Neue Alte Welt oder wo Europas Mitte liegt" im Klagenfurter Wieser-Verlag (1993). Immer noch Marxleser und -schüler mit vielleicht wachsendem Verständnis und sicher schwindender Euphorie.

### Barbara Sichtermann

Geboren 1943 in Erfurt. Aufgewachsen in Kiel. Nach dem Abitur Besuch einer Schauspielschule, danach Theaterpraxis in Bochum und Dortmund. 1968 Wechsel nach Berlin, dort später Aufnahme eines Studiums der Sozialwissenschaften und Volkswirtschaftslehre. Diplom 1974. Wechsel nach Hannover zu ihrem späteren Mann Peter Brückner. 1978 kommt der gemeinsame Sohn Simon zur Welt. 1982, nach dem Tod von Brückner, Rückkehr nach Berlin. Seit 1978 selbständige Tätigkeit als Publizistin und Schriftstellerin.

Buchveröffentlichungen:

„Leben mit einem Neugeborenen", 1981, Fischer Verlag
„Vorsicht Kind", 1982 Wagenbach Verlag
„Weiblichkeit. Zur Politik des Privaten", 1983, Wagenbach Verlag
„Frauenarbeit", 1987, Wagenbach Verlag
„Wer ist wie? Über den Unterschied der Geschlechter", 1978, Wagenbach Verlag
„Den Laden schmeißen. Ein Handbuch für Frauen, die sich selbständig machen wollen", 1989, Fischer Verlag
„Der tote Hund beißt. Karl Marx neu gelesen", 1991, Wagenbach Verlag
„Fernsehen", 1994, Wagenbach Verlag
„Vicky Victory", Roman, 1995, Hoffmann und Campe

## WEITERFÜHRENDE LITERATUR


### Quellen

KARL MARX, FRIEDRICH ENGELS:

„MEW“ (Marx Engels Werke), 1962 ff, Dietz Verlag

KARL MARX, FRIEDRICH ENGELS:

„MEGA“ (Marx Engels Gesamtausgabe), 1982 ff, Dietz Verlag

KARL MARX:

„Grundrisse der Kritik der politischen Ökonomie“, o.J., Europ. Verlagsanstalt

KARL MARX:

„Frühschriften“, 1971, Kröner Verlag

KARL MARX, FRIEDRICH ENGELS:

„Manifest der kommunistischen Partei“, Reprint, Karl-Marx-Haus Trier

### Sekundärliteratur

JOACHIM BISCHOF:

„Grundbegriffe der marxistischen Theorie“, VSA

WERNER BLUMENBERG:

„Marx“, 1990, Rowohlt Verlag „Bildmonographie“

JAQUES DERRIDA:

„Marx´ Gespenster“, 1995, Fischer Verlag „ZeitSchriften“

IRING FETCHER:

„Marxismus“, 1983, Serie Piper

KARL-MARKUS GAUSS, LUDWIG HARTINGER:

„Marxismus“, 1988, hpt-Verlag

PAUL LAFARGUE:

„Das Recht auf Faulheit und andere Satiren“, 1991, Stattbuch Verlag

BARBARA SICHTERMANN:

„Der tote Hund beißt“, 1991, Wagenbach Verlag

JEAN ZIEGLER, URIEL DA COSTA:

„Marx, wir brauchen Dich“, 1992, Piper Verlag

# NACHWORT

Dieter Huber

Marx – ein Projekt? 1995? Bildende Kunst? Auf den ersten Blick ein absurdes Unternehmen. Durch die Auflösung des „Realen Sozialismus“ scheint dieses Thema endgültig überwunden zu sein. „Die letzten fünf Jahre haben doch klar gezeigt, daß ein politisches und wirtschaftliches System wie der „Kapitalismus“ für die Menschheit doch die bessere Lebensform ist.“ Und welche Bedeutung hat schon ein Denker des 19. Jahrhunderts in unserer hochtechnifizierten Informationsgesellschaft an der Jahrtausendschwelle. Selbst wenn noch von Bedeutung, was ist mit der Kunst im Bereich der Philosophie, deren ureigene Form die Sprache ist, zu erreichen?

In meinem künstlerischen Werk habe ich immer wieder versucht, das Spezifische von Orten in die Arbeit einfliessen zu lassen oder zum Inhalt eines Projektes zu machen. Trier hat mich im gewissen Sinne zu Marx „genötigt“. Bei der Lektüre und Auseinandersetzung mit dem Denken von Karl Marx erstaunten mich große Affinitäten, obwohl ich als „Postachtundsechziger“ keinerlei politische Vorbildung in diesem Bereich genossen habe. Das war für mich ein erstes Indiz vom latenten Einfluß der Marxschen Philosophie. Und als mir klar wurde, daß der „Reale Sozialismus“ nicht viel mit den Ideen von Marx im eigentlichen Sinne zu tun hatte, habe ich beschlossen, mich mit künstlerischen Mitteln dem Humanismus der „Philosophie der Praxis“ anzunähern. Marx hat zeitlebens exzerpiert und geschrieben, es existiert bis heute keine vollständige kritische Gesamtausgabe seines Werkes, eine Fülle an Material also, die das Scheitern inkludiert. Es ist unmöglich und unsinnig, eine umfassende Neubewertung à la „Marx heute“ innerhalb der Bildenden Kunst durchzuführen. Möglich und sinnvoll erscheint aber, mit unverbrauchtem Blick auf einige gerade heute wichtige Fragen zu verweisen. Dieses Projekt kann nicht erläutern oder klären, aber es ist in der Lage, auf etwas zu zeigen, das für das Individuum und seine gesellschaftliche Existenz von großer Wichtigkeit sein kann.

Meine Beschäftigung konzentriert sich auf Biographie und Werk von Marx und nicht auf die politischen und nationalökonomischen Auswirkungen vor allem in unserem Jahrhundert. Die zusammengebastelten Theorien und Legitimationen bei der politischen Umsetzung des „Marxismus" (ein Begriff, den Marx abgelehnt hat) haben für mich das Zentrale außer acht gelassen: das freie und selbstbestimmte Individuum. Als gegenwärtig bedeutende Themenbereiche drängen sich mir auf:

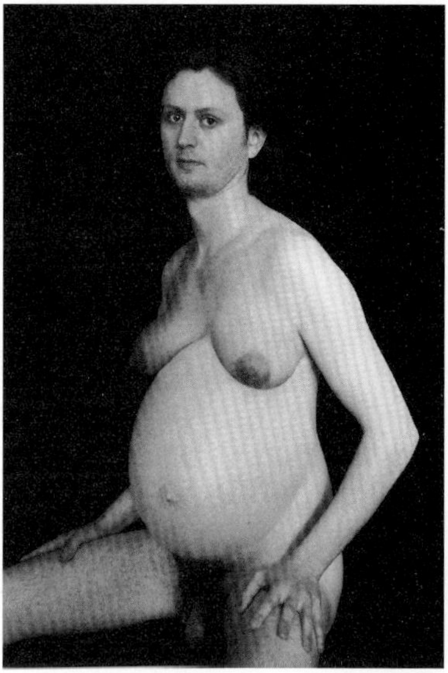

DIETER HUBER: „KLONE #35". 1995

Das kritische Bewußtsein.
Die Freiheit des Individuums.
Die demokratische Gesellschaft.
Die internationale Solidarität.
Das Wirken der Entfremdung.
Der Fetischcharakter von Ware und Geld.
Die Arbeit und der (Mehr-)Wert.
Die Religion und der Mensch.
Das dialektische Denken.
Die Philosophie der Praxis.
Die Revolution in Permanenz.
Die Utopie und die Wirklichkeit.

Mein besonderer Dank gilt allen die dieses Projekt trotz erheblicher Schwierigkeiten begleitet und ermöglicht haben.

## IMPRESSUM

Dieter Huber
Marx. Projekt Trier
Ein Bild-Lese-Buch
Band 1
Textbeiträge: Ludwig Hartinger, Ivo Kranzfelder,
Joscha Schmierer, Barbara Sichtermann

Herausgeber: Karl-Marx-Haus Trier
Lektorat: Ivonn Kappel, Berlin
Druck: Roser, Salzburg
Bindung: Bichl, Salzburg
Gestaltung und Produktion: Kanzlei mit Vision, Salzburg
Vertrieb: Friedrich-Ebert-Stiftung
Karl-Marx-Haus
Johannisstraße 28, D-54290 Trier. Tel ++43/651/43011, Fax 43014

Mit freundlicher Unterstützung:
Karl-Marx-Haus Trier
Ludine und Klaus Hinrichs, Kunstraum Trier
Ludwig Hartinger, Salzburg
Druckerei Roser, Salzburg
Raimund Bichl, Salzburg
Repro Atelier Reinhold Czerlinka, Grödig
Bundesministerium für Wissenschaft, Forschung und Kunst, Wien
Kulturamt der Stadt Salzburg
Kulturabteilung der Salzburger Landesregierung

ISBN: 3-86077-205-8